Michael Lausberg

Bakunins Philosophie des kollektiven Anarchismus

Michael Lausberg
Bakunins Philosophie des kollektiven Anarchismus
4. Auflage, Juli 2025
ISBN 978-3-89771-483-0

Fuggerstr. 13 a | 48165 Münster
www.unrast-verlag.de – kontakt@unrast-verlag.de
Mitglied in der *assoziation Linker Verlage* (aLiVe)
Umschlag: re.action / online-design
Satz: UNRAST Verlag, Münster
Druck: Interpress, Budapest

Inhaltsverzeichnis

1.	Einleitung	5
2.	Quellen und Literatur	7
3.	Zum Begriff Anarchismus	10
4.	Prägende Leitbilder in der philosophischen Entwicklungsphase Bakunins	13
4.1	Fichte	13
4.2	Hegel	15
5.	Die Lehre Bakunins	21
5.1	Bakunins Frühsystem	21
5.1.1	Der idealistische Anarchismus	22
5.2	Bakunins Spätsystem	26
5.2.1	Politische Vorstellungen Bakunins	26
5.2.1.1	Politische Ziele	26
5.2.1.2	Politische Methoden	28
5.2.2	Die vier philosophischen Richtungen in Bakunins Spätsystem	29
5.2.2.1	Antiautoritäres Denken	29
5.2.2.2	Die materialistische Metaphysik	31
5.2.2.3	Die Revolutions-Metaphysik	35
5.2.2.4	Die Philosophie der Tat	40
6.	Bakunins Wirkung	41
6.1	Russischer Anarchismus	41
6.2	Spanischer Anarchismus	42
6.3	Deutscher Anarchismus	45
6.	Schlussbemerkung	50
8.	Literaturverzeichnis	52
9.	Grundzüge der Bakunin'schen Vita	54
	Anmerkungen	58

1. Einleitung

Abhängig vom jeweiligen weltanschaulichen und politischen Standpunkt existieren die unterschiedlichsten Einschätzungen über Michail Bakunin, durch dessen Wirken sich der Anarchismus zur revolutionären Massenbewegung entwickelte.

Sein Antipode Karl Marx stellte im Jahre 1869 fest: »Anarchie, das ist das große Paradepferd ihres Meisters Bakunin, der von allen sozialen Systemen nur die Überschriften aufgenommen hat.«[1]

Für den Antisemiten Richard Wagner berührte sich »an diesem merkwürdigen Menschen eine völlig kulturfeindliche Wildheit mit der Forderung des reinsten Ideals der Menschlichkeit«.[2] Walter Benjamin betonte, dass es seit Bakunin in Europa keinen radikaleren Begriff von Freiheit mehr gegeben hat.[3] Die Lyrikerin Ricarda Huch bemerkte: »Das beständige Gefühl von der Relativität alles Irdischen verlieh ihm eine Leichtigkeit, eine Nachsicht, eine Gemütlichkeit und Überlegenheit, die Marx bei aller Intelligenz und Charakterstärke nicht besaß.«[4]

Bakunin schrieb selbst über sich: »Mein Glück und meine eigene Würde im Glück und in der Würde aller, die um mich waren, zu suchen, das war mein Glaube, das war das Ziel, nach dem ich mein Leben gestrebt habe. Als meine heiligste Pflicht sah ich es an, mich gegen jede Unterdrückung zu empören ohne Unterschied, wer der Tyrann oder wer das Opfer war. In mir gab es immer viel Don-Quixoterie nicht nur in der Politik, sondern auch in meinem Privatleben; ich konnte vor einer Ungerechtigkeit nicht mein kaltes Blut bewahren, noch weniger vor einem offensichtlichen Akt der Unterdrückung.«[5]

Dieser Ausspruch über sich selbst trifft sehr genau das Wesen Bakunins, der quer durch Europa für seine innere Unruhe immer neue Betätigungsfelder suchte und dessen Spuren aus der Geschichte der Revolutionen seit der Mitte des 19. Jahrhunderts nicht wegzudenken sind.

Wolfgang Eckhardt ist beizupflichten, wenn er schreibt, dass Bakunins Beiträge zur anarchistischen Theorieentwicklung lange Zeit unterschätzt wurden.[6]

Deshalb ist es aus Sicht des Autors an der Zeit, sich mit Bakunins

Philosophie des kollektiven Anarchismus auseinandersetzen.

Zunächst einmal wird der Forschungsstand über Bakunin vorgestellt. Dann findet eine Annäherung an den Begriff Anarchismus allgemein statt. Danach werden die prägenden Leitbilder in der philosophischen Entwicklungsphase Bakunins (Fichte, Hegel) behandelt. Weiterhin wird Bakunins Philosophie dargestellt, wobei zwischen dem Früh- und Spätsystem seines Denkens unterschieden wird. Außerdem wird seine Wirkung auf den russischen, spanischen und deutschen Anarchismus in Grundzügen skizziert. Schließlich folgt eine Schlussbemerkung, in der die Ergebnisse der Untersuchung zusammengefasst und bewertet werden.

2. Quellen und Literatur

In der Literatur finden sich – und das liegt im Anarchismus selbst und in der um ihn entstandenen Kontroverse begründet – höchst unterschiedliche Einschätzungen Bakunins, dessen Name gleichsam zum Synonym für Anarchismus geworden ist.[7]

Bakunin galt in der Endphase der 1. Internationalen als Antipode zu Marx und ist eben deswegen in der Geschichtsschreibung der Arbeiterbewegung als Prototyp des Anarchisten hingestellt worden.[8] Mit gleicher Begründung hätte Bakunin auch als typischer Panslawist dargestellt werden können.[9]

So heftig die Meinungen über Bakunin auch aufeinander treffen, in einem Punkt stimmen alle Autoren überein: Sie sind von der Persönlichkeit Bakunins fasziniert.[10] Die »Ur-Biographie« ist die von Max Nettlau,[11] die vom Verfasser mit der Hand auf Folie geschrieben, in 50 Exemplaren abgezogen und an Freunde und Bibliotheken gesandt worden ist. Ein Konzentrat dieser detaillierten Bibliographie ist von Nettlau zusammengestellt und herausgegeben[12] und seitdem aus aktuellen Anlässen – wie in der Zeit der antiautoritären Studentenbewegung – mehrfach nachgedruckt worden.[13]

Als offiziöse sowjetische Bakunin-Biographie galt in den 1920er Jahren die vierbändige, zunächst nur in russischer Sprache erschienene Arbeit von Georg Steklow,[14] die weitgehend auf dem Material von Nettlau basierte.[15] Stecklow nahm die Seite von Marx gegen Bakunin ein, sammelte verstreute Informationen, und machte zudem Nettlaus Werk einem größeren Publikum bekannt.

Die Bakunin-Biographie von Carr[16] ist detailliert in der Beschreibung, aber kommt ohne auf den Punkt gebrachte Thesen aus. Seine Biographie basiert auf Nettlau und Steklow und bildet zugleich das Fundament für die meisten folgenden Arbeiten über Bakunin, die Carr lobend erwähnen. Dies gilt sowohl für James Joll[17] als auch Eugene Dyziur[18]. Dyziur versucht, in die aphoristischen und wenig stringenten Gedankengänge Bakunins ein geschlossenes Konzept hineinzubringen. Überhaupt ist die Sekundärliteratur durch geistesgeschichtliche Darstellungen charakterisiert: Bakunin wird als Schüler Fichtes, Hegels, der Panchavusiten beschrieben und seine intellektuelle Entwicklung bis hin zum Konflikt mit Marx rekonstruiert.

Die im Jahre 1923 erschienene Bakunin-Biographie Ricarda Huchs ist in den 1970er Jahren wieder aufgelegt worden.[19] Die Autorin schildert Bakunin als kraftvolle und phantasiebegabte Persönlichkeit, wobei das Buch als wissenschaftlicher Dialog viele Wünsche offen lässt. Huch nahm lediglich Briefe in die Darstellung auf, hingegen fehlen die größeren Schriften und Aufsätze Bakunins. Die Leser*nnen bleiben im Unklaren über die Konflikte in der 5. Internationalen, von den Geheimgesellschaften und den panslawistischen Gefühlen, die Bakunin im Laufe seines Lebens bewegte. Wie bei Huch stehen literarische Ambitionen im Vordergrund des Buches von H. Bienek[20], in dem mit Hilfe einer Kollage von Bakunin-Zitaten und Erlebnisberichten die letzten Lebensjahre des russischen Anarchisten geschildert werden.

Bakunins Revolutionsbegriff ist von Kurt Lenk untersucht worden.[21] Wie sehr Bakunins revolutionärer Elan in das 20. Jahrhundert wirkte, zeigen zwei Äußerungen deutscher Sozialisten in der sich ankündigenden Novemberrevolution. Im Jahre 1918 schrieb Karl Liebknecht seiner Frau aus dem Gefängnis: Marx und Engels hätten Gesellschaft und Geschichte analysiert, aber Bakunin und Blanqui hätten Politik gemacht – daher verdiene der alte Blanqui eine Rettung nicht weniger als Bakunin.[22] Außerdem beurteilte Franz Mehring in seiner im gleichen Jahr erschienen Marx-Biographie Bakunin weitaus günstiger, als es in der sozialistischen Literatur bis dahin üblich war.[23]

Die Bakuninforschung hat in den letzten Jahrzehnten auf dem Gebiet der Quellenveröffentlichung ihre eigentlichen Fortschritte gemacht. Vorbildlich ist die Edition der Schriften Bakunins durch A. Lehning, A. J. C. Rüter und D. Scheibert für das Internationale Institut für Sozialgeschichte in Amsterdam.[24]

Die einst in der ehemaligen Sowjetunion geplante kritische Gesamtausgabe der Schriften Bakunins ist in den 1930er Jahren durch die KPdSU gestoppt worden. An ihrer Stelle ist jetzt die Amsterdamer Ausgabe getreten. Alle seriösen Editionen von Schriften Bakunins basieren auf ihr. Dazu zählt die von H. Stuke zusammengestellte Auswahl aus den Werken Bakunins.[25] In ihr finden sich unter anderem programmatische Aufrufe und Statuten, Aufsätze und Vorträge, selbständig erschienene Schriften und Briefe Bakunins. Zum ersten Mal wird in deutscher Sprache das Spätwerk Bakunins aus dem Jahre 1873 »Staatlichkeit und Anarchie« vollständig veröffentlicht. Mit der Ausgabe Stukes ist gleichzeitig im Karin Kramer Verlag Bakunins Werk »Staatlichkeit und Anarchie« ebenfalls vollständig in deutscher Übersetzung erschienen.[26]

Andere Bakunin-Ausgaben informieren über einzelne Zeitabschnitte oder Ereignisse im Leben Bakunins, so seine Bittschrift an Alexander II., die so genannte Beichte,[27] Bakunins Verhältnis zu Netschajew,[28] und die Frühschriften.[29] Wieder andere konzentrieren sich auf einen Überblick aus dem Gesamtwerk [30] oder auf eine zentrale Schrift.

Schriften Bakunins sind in den letzten Jahrzehnten in so großer Zahl von verschiedenen antiautoritären Gruppen und Verlagen herausgegeben worden, dass ein Überblick dazu unmöglich ist. [31]

Die Fortschritte, die die Bakunin-Forschung in den letzten Jahrzehnten bei den kritischen Quellenpublikationen gemacht hat, bieten auch die Chance, die andauernde Stagnation in der Sekundärliteratur – über die Arbeiten von Nettlau, Stecklow und Carr ist die Forschung kaum hinausgekommen – zu überwinden. Ein Beispiel für die Überwindung dieser Stagnation ist der Beitrag Cattepoels,[32] wo Bakunins Denksystem präzise und schlüssig erläutert wird. In diesem Zusammenhang ist weiterhin die Monographie von J. F. Wittkop[33] zu nennen, wo in überzeugender Weise vor allem die Wirkung des Anarchismus in anderen Ländern (Frankreich, Italien, Spanien) illustriert wird.

3. Zum Begriff Anarchismus

Der Begriff Anarchie[34] existierte bereits im klassischen Griechenland. Er stammte von dem griechischen Wort an-archia ab und bedeutete »keine Herrschaft«.[35] Bei Homer und Herodot besaß er die Bedeutung »ohne Anführer, ohne Heerführer«. Laut der beiden Denker führte die Führungslosigkeit zu Unordnung und Zügellosigkeit. Bei Platon und Aristoteles gewann der Ausdruck eine politische Bedeutung. Platon, der die Demokratie zu den »ungerechten« Staatsformen rechnete, warf dieser vor, sie sei »ohne Regierung« (anarchos). Aristoteles betonte, die Demokratie könne in Unordnung (anarchia) und Gesetzlosigkeit abgleiten und untergehen. In der christlichen Patristik und im Mittelalter tauchte der Begriff nur marginal auf.[36]

Erst Erasmus von Rotterdam gab dem Begriff Anarchie wieder einen politischen Sinn, indem er Tyrannis und Anarchie als Entartungsformen des Staates ansah, von denen die eine in die andere übergehen kann. Er vertrat die Meinung, die Tyrannis sei der Anarchie vorzuziehen. In diesem Sinne spielte der Begriff Anarchie in der akademischen, seltener in der politischen Diskussion der Neuzeit bis gegen Ende des 18. Jahrhunderts eine Rolle. Stets war Anarchie ein Entartungszustand des Staates und damit ein Übel.[37]

Die Begriffe Anarchismus und Anarchist entstanden erst während der Französischen Revolution. Die Girondist*innen bezeichneten mit diesem Ausdruck diejenigen, die über das in der Revolution Erreichte hinaus die Gleichheit des Eigentums anstrebten. Aber auch Robespierre wandte sich gegen die Anarchie und meinte damit radikale Anhänger seiner eigenen Partei, der Jakobiner*innen. Im Jahre 1797 führte das Direktorium im Rat der 500 einen Eid ein, in dem die Abgeordneten »Haß dem Königtum und der Anarchie« schwörten.

Auch in der nicht-französischen Literatur wurden die Begriffe Anarchie, Anarchist und Anarchismus häufig im politischen Sinne verwandt.[38] Trotzdem blieben die Ausdrücke Anarchismus und Anarchist bedeutungsleere politische Schlagworte, die lediglich dazu dienten, politische Gegner zu diffamieren.

Als Klischee war der Begriff Anarchismus in aller Munde, weil er als negativer Generalnenner für die Bedrohung der bestehenden Gesellschaftsordnung durch die »radikale Linke« verstanden wurde.[39] In einem »Politischen Taschenwörterbuch« aus dem Jahre 1840, das im Geist liberalen Reformertums und bürgerlicher Opposition gegen den absolutistischen Staat geschrieben wurde, hieß es: »Anarchie – Gesetzlosigkeit, Herrscherlosigkeit. Es ist dies der Zustand der Unordnung und Auflösung eines Staates, der das Glück der Staatsbürger in Gefahr setzt, aber auch seiner Unnatürlichkeit wegen nie herrschend werden kann, sondern nur bei außerordentlichen Veranlassungen als ein Übergang eintreten kann.«[40]

Die Tatsache, dass die Ausdrücke Anarchismus und Anarchist nicht nur als politische Schlagworte gebraucht wurden, änderte sich im Jahre 1840. Pierre-Joseph Proudhon nannte sich als erster selber einen Anarchisten, nämlich in seiner Schrift »Was ist Eigentum?«[41] Seitdem gab es eine Gruppe von Politikern und Schriftstellern, die sich Anarchisten nannten und so genannt wurden.

Es lassen sich einige Kennzeichen anführen, die allen unter dem Sammelbegriff Anarchismus zugeordneten Systemen eigen sind:[42]

1. die Annahme, das Zusammenleben der Menschen sei durch die Macht (Autorität) pervertiert. Jede Macht, sowohl politische als auch ökonomische, sei korrupt, lehrt Bakunin: da Macht im politischen Bereich als Staat konkretisiert wird, sei der Staat in jeder Form abzulehnen;
2. die Erwartung, dass erst die Abschaffung des Staates wahre oder totale Freiheit möglich mache;
3. die Lehre, wonach in der Spontaneität der Massen das Bewegungsgesetz der Revolution zu suchen sei, nicht in ihrer Bewusstheit, und schon gar nicht in ihrer Organisiertheit;
4. die Berufung auf die »Natur« des Menschen, losgelöst von seiner Stellung im gesellschaftlichen Produktionsprozess.

Lenin hatte 1901 die Merkmale des Anarchismus in polemischer Weise katalogisiert: »Es fehlt a) das Begreifen der Ursachen der Ausbeutung, b) das Begreifen der gesellschaftlichen Entwicklung, die zum Sozialismus führt, c) das Begreifen des Klassenkampfes als schöpferische Kraft zur Verwirklichung des Sozialismus.« Als bestimmendes Merkmal des Anarchismus sah Lenin unter anderem die »Verneinung der vereinigenden und organisierten

Kraft der Staatsmacht«. Negierung der Politik sei in Wirklichkeit »Unterwerfung der Arbeiterklasse unter die bürgerliche Politik«. Einerseits sei der Anarchismus »umgestülpter bürgerlicher Individualismus«, andererseits »ein Produkt der Verzweiflung, die Mentalität des aus dem Geleise geworfenen Intellektuellen oder Lumpenproletariers, aber nicht des Proletariers.«[43]

Im Anarchismus ist die Praxis der Theorie vorgeordnet, wie die nach außen wirkende Welt der verbalen.[44] Daher ist für die Anarchisten nicht nur eine Theorie ohne Praxisbezogenheit unwissenschaftlich und als Theorie nicht vorstellbar, sondern es erscheint ihnen überhaupt unmöglich, die Komplexität der Welt in ihrer Gesamtheit zu erkennen oder theoretische Aussagen darüber zu geben, wie es sein sollte.

Die anarchistische Lehre weist Widersprüche auf, die sich nicht aus einem theoretischen Unvermögen ergeben, sondern die in der Welt selbst sind und sich daher auch in der Theorie niederschlagen. Die Welt wird von den Anarchisten als »pluralité, d'élements irreductibles et antagoniques« (Proudhon) verstanden, dagegen erscheint sie paradox, wenn aus universalistischer Sicht verschiedene Systeme, die durch »Sinn« begrenzt sind, zusammen in den Blick genommen werden. Nicht aus einer einheitlichen Theorie heraus, der sich die Praxis dann jeweils beugen muss, ist Wissenschaft für den Anarchismus möglich, sondern nur auf dem induktiven Wege, in reinen Deskriptionen. Da jedoch Wirklichkeit primär zum persönlichen Bereich gehört, unmittelbar erfahren und erfasst werden kann, ergibt sich für den Einzelnen die Möglichkeit, die Wirklichkeit zu kritisieren.

Freis Definition von Anarchismus soll im Folgenden die Grundlage der weiteren Untersuchung bilden: »Anarchistisch sind Bestrebungen, die durch Abschaffung jeder Macht, mit oder ohne Gewalt, eine auf jeden Zwang verzichtende Gesellschaft gerichtet ist.«[45]

4. Prägende Leitbilder in der philosophischen Entwicklungsphase Bakunins

Mit vierzehn Jahren schickte sein Vater Bakunin auf der Artillerieschule in St. Petersburg, damit er einen Beruf erlernen sollte, der ihm den Lebensunterhalt garantierte. Der dortige Drill wurde Bakunin zur Qual. Mit achtzehn Jahren wurde er zum Offizier ernannt. Nach einer Strafversetzung in eine kleine litauische Garnison erwachte sein Interesse an literarischer Bildung. Bakunin quittierte den Dienst und wechselte an die Universität Moskau.[46] Hier lernte er den jungen Dichter Nikolay W. Stankjewitsch kennen, von dem er seinen ersten wichtigen intellektuellen Einfluss erfuhr.[47] Bis in seine letzten Jahre hinein hat Bakunin Stankjewitsch seinen geistigen Vater genannt.

Stankjewitsch war der erste erwähnenswerte russische Romantiker; sein Verdienst bestand darin, dass er das russische Denken mit deutscher Philosophie vertraut machte. Die 40er Jahre des 19. Jahrhunderts bargen vielfältige kulturelle Reize in Russland. Die junge Generation beschäftigte sich vor allem mit der deutschen idealistischen Philosophie, die Neugier für die völlig neue Art des Denkens breitete sich im ganzen Land aus.[48]

Ebenfalls unter diesem Einfluss stehend begann Bakunin, sich mit E.T.A Hoffmann, Jean Paul, Bettina von Arnim und Goethe zu beschäftigen.[49]

4.1 Fichte

Durch die Beschäftigung mit der deutschen idealistischen Philosophie wurde Bakunin auch mit dem Werken Fichtes vertraut.

Fichte gilt als einer der bedeutendsten Vertreter des deutschen Idealismus. Sein als »Wissenschaftslehre« bezeichnete Philosophie soll als »pragmatische Geschichte des menschlichen Geistes«, das »allgemeine und absolute Wissen« in seiner Entstehung aufzeigen, im Mittelpunkt steht dabei der Gedanke von der zentralen Bedeutung des Ichs, das schöpferisch sich selbst und der Vervollkommnung durch Pflichterfüllung fähig ist. Fichte erhob als erster den dialektischen Dreischritt (These-Antithese-

Synthese) zur grundlegenden Methode philosophischen Daseins.

Besonders Fichtes »Anweisungen zum seligen Leben«, wo eine quasi objektlose Religion gepredigt wurde, nahm er mit großem Enthusiasmus auf.[50] Fichtes Aussage, dass alle Grenzen des spekulierenden Ich verschwunden seien, kann es als »Gesetz der höheren Sittlichkeit« gelten, »die Menschheit in der Wirklichkeit zu dem zu machen, was sie ihrer Bestimmung nach ist, zum getroffenen Abbilde, Abdrucke und zur Offenbarung des inneren göttlichen Wesens.«[51] Diese Ansicht prägte Bakunin bei der Beschäftigung mit der Philosophie von Fichte.

Die spekulative Mystik war für Russland fast folgenreicher als der reine Säkularismus, denn sie verzehrte das kaum vorhandene christliche Erbe unter den gebildeten Schichten. Es erschien nahe liegend, dass Fichtes Botschaft mit der Offenbarung Christi verwechselt wurde.[52] Mensch konnte bereits Fichte fast beliebig, d.h. schon kaum mehr sachgerecht interpretieren, im gebildeten Russland standen ästhetischen Emotionen im Umgang mit der Fichte-Interpretation im Vordergrund.

Fichte hat dem Romantismus die philosophische Legetimierung gegeben; seine Motive wurden tradiert und sogleich in Hegel hineingetragen. Fichtes Pathos ist Bakunin geblieben – er hat seinen Stil geprägt. Um ihn bekannt zu machen, übersetzte er im Jahre 1835 »Die Bestimmung des Gelehrten«. Für Bakunin war Gott nun entdeckt und beliebig erfüllbar als der »Sinn des Lebens, der Gegenstand echter Liebe, nicht der, den man durch Erniedrigung des eigenen Ich zu gewinnen habe, nicht der, der außerhalb der Welt richtet, sondern der, der in der Menschheit lebt, der sich in dem erhöhtem Menschen selbst erhöht, der durch Jesus lebendige Worte des Evangeliums sprach, der in den Dichtern redet.«[53]

Das »neue Leben«, d.h. die Entdeckung Gottes, angesichts einer dunklen Zukunft mit sehr unklaren Zielen und Perspektiven, unterschied er nun von den bisherigen »poetischen, harmonischen, aber leeren« Daseinsvorstellungen – er war bereit, auf alles »öffentliche Leben« zu verzichten und sich als Mathematiklehrer durchzubringen, nicht aber »sich der Gesellschaft zu opfern, in der alle Ideale unwahr« seien.[54]

Mit der Fichte'schen Predigt von der Kraft der Liebe, seinem neuem Evangelium, dem Auftrag, den »Gott und den Himmel, den er in sich trägt, auf die Erde zu bringen«[55], konnte Bakunin den Übergang zum Bohéme vor der Familie rechtfertigen.

Im Jahre 1838 übersetzte Bakunin Fichtes »Anweisungen zum seligen Leben«. Dieses Werk war ein Versuch, um ein idealistisches System von Ethik zu schaffen.

Es wurde Bakunins ständiger Begleiter dieser Zeit; Zitate und Umschreibungen aus dem Werk füllten die meisten Briefe Bakunins.[56] In dieser Zeit der größten Nähe zu Fichte identifizierte sich das Sendungsbewusstsein Bakunins mit dem künftigen Gottmenschen als dem Ziel und der Möglichkeit des Menschseins, dem neuen Christus.[57]

In dieser Folge der Identifikation hatte auch das Nationale seinen Ort: »Die Menschheit galt als der von der Vorsehung geführte sündlose, als der idielle Mensch – jedes Volk als notwendiger Baustein der Menschheit unter Gottes Führung – das Nationale als je in Zeit und Raum begrenzte göttliche Stimme, als nationales Genie im Bewusstsein der Menschen – alles überhöht von dem höchsten Genie, dem Gottmenschen Christus als der Inkarnation des Bewusstseins der ganzen Menschheit.«[58]

Mit dem Verblassen der höchsten Sphäre gewann das nationale Bewusstsein überragende Bedeutung, es wurde zum messianischen in dem Augenblick, in dem die unmittelbare Geschichte den jungen Völkern Recht zu geben schien. [59] Das Pathos Fichtes schwingt im Stile Bakunins noch in den Alterschriften nach, den Einfluss seiner Freiheitsidee hat sich im Werke Bakunins nie mehr ganz verloren.[60]

4.2 Hegel

Bakunin erhielt Anfang 1837 von Stankjewitsch den Anstoß, sich mit der Hegel'schen Philosophie auseinanderzusetzen.[61]

Hegel entwickelte unter Beibehaltung aufklärerischer Positionen (Rousseau, Kant) und unter Einbeziehung der historischen Betrachtungsweise (Vico, Montesquieu, Herder) ein philosophisches System, in dem er die tradierte aristotelische Metaphysik, die modernen naturwissenschaftlichen Methoden, das moderne Naturrecht (Locke, Hobbes) und die Theorie der bürgerlichen Gesellschaft (Stewart, A. Smith, Ricardo) zum Ausgleich zu bringen versuchte. Im Mittelpunkt steht das Absolute, und zwar als absolute Idee, als Natur und als Geist, dargestellt in »Wissenschaft der Logik« (1812-1816), in der Hegel das vorweltliche Sein Gottes (sein »An-sich-sein«) beschreibt, in der Naturphilosophie dessen Selbstentäußerung in die materielle Welt (sein »Für-sich-sein«) und in der Philosophie des Geistes sein Zurückfinden zu sich selbst durch das immer stärker erwachende Selbstbewusstsein des menschlichen Geistes (sein »An-und-für-sich-sein«). Weltgeschichte ist demnach der notwendig fortschreitende Prozess des absoluten Geistes, in welchem er sich seiner Freiheit bewusst wird. Das Absolute konkretisiert sich als subjektiver Geist im menschlichen Individuum, als objektiver Geist in Familie, Gesellschaft und Staat, als absoluter Geist in Kunst, Religion und Philosophie. Die Verwirklichung des Absoluten vollzieht sich im dialektischen Dreischritt von These, Antithese und Synthese.

Die Aneignung Hegels vollzog sich gleich der Aufnahme einer neuen Offenbarung, der auch das Persönlichste im Leben – geschwisterliche oder freundschaftliche Bindungen – zur Deutung unterworfen wurden.[62] Bei Hegel entdeckte Bakunin den Begriff der »Wirklichkeit« und damit die Versöhnung mit dem Konkreten: »noch habe er in sich Leeres, Scheinhaftes, doch ich ließ mich um meines Glückes willen von Hegel verschlingen.«[63]

Seine Identifizierung mit dem, was er mit dem Wirklichkeitsbegriff Hegels erkannte, hatte einen enthusiastischen Charakter, in Sehnsucht nach weltanschaulicher Sicherung, dem Streben nach der Einigung mit dem einen abstrakten Gott.[64] Aufzeichnungen aus seinem Sommeraufenthalt in Prjamuchino von 1837, die Zeit Bakunins intensivsten Beschäftigung mit Hegel, zeigten seine Schwärmereien für den deutschen Philosophen: »Das Leben erschien als Seligkeit, ohne Böses, das nur jeweils Begrenzung sei – alles Seiende sollte nun Leben des Geistes, d.h. des absoluten Wissens, der absoluten Freiheit sein – hier sei der Mensch ein endliches Moment des absoluten Lebens, zwar als solches noch nicht ganz frei, aber im Bewußtsein der Möglichkeit seines Freiwerdens. Je mehr der Mensch von Selbstbewußtsein des Geistes, der heiligen Notwendigkeit durchdrungen werde, desto näher stehe er der Wirklichkeit. In seiner Natürlichkeit sei der Mensch von Gott getrennt, mit ihm aber versöhnt in der Poesie, der Religion und endlich in der Philosophie. Das Moralische aber bestimme genau den Ort der Trennung – für den religiösen Menschen sei nichts Böses er wisse von den Quellen aller Gaben in Gott.«[65]

Bakunin versuchte, den Begriff der Wirklichkeit genauer zu interpretieren; er wollte weg von der »Scheinwirklichkeit im Felde des Verstandes«, was indessen »nicht durch Raisonnement, nur mit Offenbarung« möglich schien. Dies sollte zur »wahren Wirklichkeit der Vernunft erheben, von der endlichen Form freimachen.«[66]

Bakunin veröffentlichte im Jahre 1838 in der Zeitschrift »Moskauer Beobachter« seine Übersetzung von Hegels Gymnasialreden, den ersten authentischen Hegeltext in russischer Sprache. In der Vorrede dazu hieß es: »Sich gegen das, was ist, zu empören oder allen Lebensquell in sich zu töten, ist ein und dasselbe: sich mit der Wirklichkeit auszusöhnen, ist unter jeden Gesichtspunkt die große Pflicht unserer Epoche.«[67]

Alexander Herzen, ein lebenslanger Freund Bakunins und Sozialist, kritisierte im Jahre 1839 die politischen Schlussfolgerungen, die Bakunin aus der Lehre Hegels gezogen hatte. Sich mit der Wirklichkeit auszusöhnen, bedeutete auch für Herzen die Aussöhnung mit dem russischen Despotismus unter Zar Nikolaus II.[68]

Im Jahre 1839 verdichtete sich Bakunins Hegelbild allmählich. Vor allem vertieften sich die historischen Dimensionen nach der Lektüre historischer und theologischer Bücher aus der Hegelschule.[69]

Die Vertiefung in das Gedankengebäude Hegels erreichte schließlich einen Grad, dass Bakunin sich nach dem Weggang Stankjewitschs ins Ausland als besten Hegelkenner in Moskau und damit im Russland der damaligen Zeit präsentieren konnte.

Bakunin fasste seine philosophische Programmatik in dem Aufsatz »Über die Philosophie« (1839) zusammen. In erneuter Abgrenzung zum Empirismus liegt das neue Gewicht auf der umfassenden Spekulation, deren »grundlegende Einheit, die Einheit der Notwendigkeit, nicht durch scharfsinnige Kombinationen je einzelner, zufälliger Einsichten ersetzt werden könne.«[70] Den philosophischen Kategorien sei unter dem Eindruck der Empirie bzw. der ihr komplementären Erkenntniskritik immer etwas Heuristisches, Relatives eigen geblieben; so seien sie auch bei Kant immer irgendwie abstrakt, ohne Wirklichkeit und in der Schwebe. Erst die Logik Hegels habe die allgemeinen Gesetze aus der Idee heraus kontinuierlich entwickelt und ihnen endlich objektiven Wert gegeben.

Bakunin hatte mit diesem Aufsatz einen großen Erfolg; Belinskij und Krajewskij, die beiden Redakteure der Vaterländischen Annalen, in denen der Aufsatz erschienen war, lobten ihn in den höchsten Tönen. Doch blieb der interessantere zweite Teil, der für das nächste Heft bestimmt war, ungedruckt.

Innere und äußere Konflikte, das Wissen, dass in seinem Leben und in seiner Philosophie vorläufig alle Möglichkeiten durchgespielt wären, trieben Bakunin nach Berlin, wo er die Quelle des Geisteslebens vermutete und wohin er sich seit Jahren sehnte.[71] Er verabschiedete sich von seinen Eltern und Freunden und traf im Sommer 1840 in Berlin ein. Das geistige Berlin befand sich inmitten der Ära, die einerseits die Spaltung der Hegelschule in einen konservativen und einen revolutionären Flügel hervorbrachte und andererseits die Reihen der Antihegelianer stärkte. Schelling trat sein Berliner Lehramt unter entschiedenen antihegelianischen Akzenten an.[72]

Vorerst blieb Bakunin noch im Bereich der konservativen Hegelschule; wie Turgenjew und andere russischen Denker vor ihm arbeitete er bei Werder, der Hegels Begrifflichkeiten ins Künstlerische-Verständliche umzudeuten wusste und insofern Bakunins bisherigen Versuchen entsprach. Sein Programm des ersten Berliner Semesters war umfangreich, mit Werder, Hotho und Vatke durchaus im Sinne der langsam abblühenden konservativen Hegel-Observanz.

Im Herbst 1841 machte Bakunin die Bekanntschaft mit dem revolutionären Linkshegelianer Arnold Ruge. Sie eröffnete dem Russen neue philosophische Horizonte, er wurde hineingeworfen in die Krisenproblematik des einst allmächtigen Hegel'schen Systems und mit der völlig veränderten Situation und ihren gewandelten Fragestellungen konfrontiert.

Arnold Ruge veröffentlichte im Oktober 1842 in seinen »Deutschen Jahrbüchern« die erste größere Arbeit Bakunins unter dem Pseudonym Jules Elysard mit dem Titel »Die Reaktion in Deutschland. Fragment von einem Franzosen«. Die Schrift fing mit dem Leitmotiv seines Lebens an: »Freiheit, Realisierung der Freiheit – wer kann es leugnen, dass dies Wort obenansteht auf der Tagesordnung der Geschichte.«[73]

Wieder bekannte er sich darin zu Hegel: »Der Gegensatz und dessen immanente Entwicklung macht einen der Hauptknotenpunkte des Hegel'schen Systems aus und diese Kategorie, die Hauptkategorie, die das herrschende Wesens unserer Zeit ist, so ist auch Hegel unbedingt der größte Philosoph der Gegenwart, die höchste Spitze unserer modernen, einseitig theoretischen Bildung. Gerade dadurch ist er auch der Anfang einer notwendigen Selbstauflösung der modernen Bildung.«[74] In der Schrift wendete er sich gegen jeden Versuch, die Gegensätze zu versöhnen, weil lediglich aus ihrem Zusammenprall die völlige Wahrheit hervorgehen konnte.

Er weissagte den Ausbruch der bevorstehenden Revolutionen: »Alle Völker und alle Menschen sind von einer gewissen Ahnung erfüllt und jeder, dessen Lebensorgane nun nicht gelähmt sind, sieht mit einer schauerlichen Erwartung der nahenden Zukunft entgegen, welche das erlösende Wort aussprechen wird. – In Russland, selbst in diesem endlosen und schneebedeckten Reiche, das wir so wenig kennen und dem vielleicht eine große Zukunft bevorsteht,—in Russland selbst sammeln sich dunkle Gewitter verkündender Wolken! – Oh, die Luft ist schwül, sie ist schwanger von Stürmen!«[75]

Bakunin schloss mit den Sätzen: »Laßt uns also dem ewigen Geiste vertrauen, der nur deshalb zerstört und verrichtet, weil er der unergründliche und ewig schaffende Quell alles Lebens ist. – Die Lust der Zerstörung ist zugleich eine schaffende Lust.«[76]

Bakunin analysierte die gesellschaftspolitische Konstellation seiner Zeit mit Hegel'schen Begriffsschemata. In der These, dass die moderne Bildung, d.h. was Inhalt und Form des Geistes jetzt ausmacht, einen Selbstauflösungsprozess unterliege, formulierte Bakunin das Selbstverständnis der Nachhegelianer klarer und unverzerrter als es bis dahin geschehen war. Das Ziel dieses Prozesses wäre, wie Bakunin meinte, »die Selbstauflösung in eine ursprüngliche und neue praktische Welt – in die wirkliche Gegenwart der Freiheit.«[77]

Bakunins Pamphlet »Die Reaktion in Deutschland« wurde

zu einer Programmschrift der »Philosophie der Tat«, die den Übergang von der Theorie zur Praxis und zur politisch-gesellschaftlichen Tat erzwingen wollte.[78]

Das Pamphlet war nach übereinstimmender Auffassung die bedeutendste Darlegung des geistesgeschichtlichen Selbstverständnisses der Junghegelianer.[79]

5. Die Lehre Bakunins

Die Entwicklung von Bakunins Denken kann mit Beer[80] in vier Phasen eingeteilt werden: von 1831 bis 1836 die protoidealistische, die von der Lektüre des frühen Schelling, Kants und Fichtes beeinflusst war, als nächstes die Begegnung mit Hegel, wodurch er in den Jahren 1837-1840 zum konservativen Hegelianer wurde. Diese Richtung wird in der Forschung allgemein als hegelianisch bezeichnet.[81] Der Berliner Aufenthalt brachte einen Umbruch in diese Art des Denkens mit sich: Bakunins Konservatismus wurde zum Anarchismus, zunächst aber noch in idealistischer Form. Der Aufsatz »Die Reaktion in Deutschland« (1842) war das wichtigste Dokument dieses Denkens. Beer nennt diese Phase posthegelianisch. Die vierte Phase (1849-1872), die radikalistisch-antimetaphysische wurde durch seine praktische revolutionäre Tätigkeit und seine Gefangennahme eingeleitet. In ihr bekannte sich Bakunin offen zum Materialismus und Atheismus. Wichtigste Dokumente dieser Entwicklungsphase sind »Gott und der Staat« aus dem Jahre 1871 und »Revolutionärer Katechismus« aus den Jahren 1865/1866.

5.1 Bakunins Frühsystem

In der Schrift »Die Reaktion in Deutschland« (1842) wurde nicht bloß die Vorbereitung des späteren Bakunin'schen Denkens gesehen, sondern ein selbständiges anarchistisches System.[82] Gegen das vorherige Denken lässt es sich insofern leicht abheben, weil hier Bakunin zum ersten Mal selbständig dachte, nicht bloß als Schüler Fichtes und Hegels auftrat. Schwieriger gestaltet sich die Abgrenzung zum späteren Denksystem. Mit diesem hat es gemeinsam, dass es ein anarchistisches System darstellt. Es unterscheidet sich vom Spätsystem darin, dass es noch durchaus als idealistisch zu bezeichnen ist. Mann kann diese Schrift geradezu als idealistischen Anarchismus bezeichnen.

Abgeschlossen wird diese idealistisch-anarchistische Phase durch seine Gefangenschaft und Verbannung. Die Ansicht eines »gesamtslawischen Volkszarentum« in der »Beichte an den Zaren«[83] (1851) und seine Bewunderung für die Pläne einer sozialistischen Diktatur Murowjew Amurskis[84] kann mensch als moralischen Zusammenbruch ansehen; diese Krise kann als Wendepunkt in seinen Auffassungen betrachtet werden.

5.1.1 Der idealistische Anarchismus

Am Anfang seiner antimonarchistischen Schrift »Die Reaktion in Deutschland« (1842) nannte Bakunin das eigentliche Thema seiner Abhandlung: »Freiheit, Realisierung der Freiheit – wer kann es leugnen, dass dieses Wort jetzt obenan steht auf der Tagesordnung der Geschichte?«[85]

Die Anhänger der Freiheitsidee waren allerdings noch eine kleine Gruppe, die Mehrzahl glaubte »im Grunde ihres Herzens nicht an Freiheit.« Der wahre Gegner der Freiheit im Bakunin'schen Sinne war »(...) die bald nach der Restauration in ganz Europa aufgetauchte reaktionäre Partei, welche in der Politik Konservatismus, in der Rechtswissenschaft historische Schule und in der spekulativen Wissenschaft positive Philosophie genannt wird.«[86]

Diese reaktionäre Partei[87] besaß derzeit überall die Hegemonialstellung. Diese Vorherrschaft war zugleich auch notwendig, denn der Gang der Geschichte kannte keine Zufälle: »Überhaupt räume ich der Zufälligkeit keine wirkliche Gewalt in der Geschichte ein – die Geschichte ist eine freie, somit aber auch eine notwendige Entwicklung des freien Geistes.«[88]

Dadurch entstand ein Widerspruch, denn das demokratische System war zugleich ein Prinzip des Geistes, also auch der Geschichte selbst: »(...) diese ist ja in der Freiheit sich realisierende Gleichheit der Menschen, somit aber auch das innerste, allgemeinste und allumfassende, mit einem Wort das einzige, sich in der Geschichte betätigenden Wesen des Geistes.«[89]

Seinen Grund fand der Widerspruch zwischen dem demokratischen Geschichtsprinzip und der reaktionären Gegenwart in der »Unzulänglichkeit der demokratischen Partei, welche noch nicht zum affirmativen Bewusstsein ihres Prinzips gekommen ist.«[90] Die Demokrat*innen müssten begreifen, dass Demokratie eine »totale Umwandlung«, ein »ursprünglich neues Leben«, eine »neue Religion« war.[91] Sie durchdrang das ganze Leben bis in jede Kleinigkeit und begnügte sich keineswegs mit einigen konstitutionellen oder ökonomischen Veränderungen.[92]

Bakunin identifizierte die reaktionären Vertreter*innen mit »dem Positven« und die Demokrat*innen mit »dem Negativen«. Die eigentliche demokratische Zukunft bestand für Bakunin keineswegs in der Ausdehnung der demokratischen Partei: »Gott bewahre – so eine Verbreitung wäre die Verflachung der ganzen Welt, und das Endresultat der ganzen Geschichte wäre eine absolute Nichtigkeit.«[93]

Vielmehr verschwand mit dem Positiven auch das Negative: »(...) mit dem Positiven richtet es aber sich selbst, als dieses schlechte, besondere und seinem Wesen unadäquate Dasein zugrunde.«[94] Nach dem Untergang des Positiven entstand durch eine qualitative Veränderung »(...) eine neue, lebendige und lebendig machende Offenbarung, – ein neuer Himmel und eine neue Erde – eine jugendliche und herrliche Welt, in der alle gegenwärtigen Dissonanzen zur harmonischen Einheit sich auflösen werden.«[95]

Andererseits war diese Zukunft ebenfalls demokratisch wie das Negative. Sie stellte diesem gegenüber kein Drittes dar, sondern ein Analoges. Das Negative bestand im Wesentlichen darin, dass es das Positive vernichtete. Negatives und Positives konnten daher nicht nebeneinander bestehen: »Die ganze Bedeutung und die unaufhaltsame Kraft des Negativen ist das zugrunde liegende Positive.«[96]

So war also das Negative zugleich der Gegensatz zum Positiven und das Allumfassende: »Wir sind unendlich glücklich in dieser Hinsicht; als Partei stehen wir wohl dem Positiven gegenüber, und kämpfen mit ihnen, und alle schlechten Leidenschaften werden auch in uns durch diesen Kampf aufgeweckt; insofern wir selbst einer Partei angehören, sind wir auch sehr oft parteiisch und ungerecht; wir sind aber nicht nur diese dem Positiven entgegengesetzte negative Partei; wir haben unseren lebendigen Quell in dem allumfassenden Prinzip der unbedingten Freiheit, in einem Prinzip, das alles Gute, was nur im Positiven erhalten ist, auch in sich enthält und das über das Positive, ebenso sehr wie über uns selbst als Partei enthalten ist.«[97]

Im Verhältnis vom Positiven und Negativen bestand daher zu Gunsten des Negativen ein Ungleichgewicht: »Das Positive und das Negative waren folglich nicht gleichberechtigt, wie die Vermittelnden es dachten;—der Gegensatz war kein Gleichgewicht, sondern ein Übergewicht des Negativen, welches der übergreifende Moment desselben war;—das Negative, als das bestimmende Leben des Positiven selbst, schloß in sich allein die Totalität des Gegensatzes aus und so war es auch das absolut Berechtigte.«[98]

Bakunin begründete diesen Satz folgendermaßen: »Das Positive ist zunächst das Richtige, das Unbewegliche – es ist ja nur dadurch positiv, dass es ohne Strömung in sich ruht.«[99] Damit werde im Positiven auf die Bewegungslosigkeit reflektiert, zugleich aber auch auf die Bewegung: »(...) so ist das Positive, die absolute Ruhe, nur gegen das Negative, die absolute Unruhe, positiv.«[100] Dadurch entstand im Positiven ein Widerspruch: einerseits ruhe es vollkommen apathisch in sich, andererseits schließe es aber gerade durch diese Ruhe das Negative als Unruhe aus: »Diese Tätigkeit des Ausschließens ist aber eine Bewegung, und so ist das Positive, gerade seiner Positivität wegen, an ihm selber nicht mehr das Positive, sondern das Negative.«[101] Das Positive richtete sich demnach selbst zugrunde.

Aus dem oben genannten Satz, das Negative habe das Übergewicht gegenüber dem Positiven, da es zugleich das beide Übergreifende sei, folgt: »Diese Selbstauflösen des Positiven ist die einzige Vermittlung des Positiven mit dem Negativen, weil es die immanente, die totale Bewegung und Energie des Gegensatzes ist.«[102] Das Negative, also das demokratische Prinzip, war dasjenige, das die Geschichte vorwärts trieb, der Geist der Zeit.[103] Dieser Geist der Zeit war zugleich praktisch,[104] denn die Theorie, die immer zwischen Positiv und Negativ vermittelt hatte, fand in Hegel ihre Vollendung. Hegel hatte nämlich den Begriff des Gegensatzes erkannt, der nun in Bakunins Philosophie seine Wendung zum Negativen und damit zum Praktischen gefunden hatte. So setzte Bakunin schließlich das Negative auch noch mit dem »Geist« gleich, wodurch das »Positive« schließlich zur vollkommenen Nichtigkeit verdammt war.

Er sah in der Philosophie überall das Aufkommen dieses negativen Geistes – er nannte hierbei Feuerbach, Strauß und Bruno Bauer[105]—so dass der negative Geist der Geschichte dabei war, »zu sich selbst zu kommen.«

Parallel dazu sah er die übrige Geschichte auf eine vernichtende

Revolution zustreben: »Das Volk nimmt überall eine drohende Stellung an und beginnt die im Verhältnis zu ihr schwachen Reihen der Feinde zu zählen und die wirkliche Vollführung ihrer ihr von allen zugestandenen Rechten zu fordern. In Russland selbst, in diesem endlosen und schneebedeckten Reiche, das wir so wenig kennen und dem vielleicht eine große Zukunft bevorsteht – in Russland selbst sammeln sich dunkle Gewitter verkündigende Wolken! – Oh, – die Luft ist schwül, sie ist schwanger von Stürmen!«[106]

Bakunin sah sowohl die Philosophie als auch die Geschichte auf dasselbe Ziel zusteuern: die Revolution. »Freiheit, Realisierung der Freiheit – wer könnte es leugnen, dass dieses Wort jetzt obenan steht auf der Tagesordnung der Geschichte. Freund und Feind werden und müssen das zugeben, ja, es wird niemand wagen, sich offen und keck selbst als einen Feind der Freiheit zu bekennen. Und doch war Realisierung der Freiheit – die Revolution.«[107]

Bakunins Frühsystem war ein Glaube, der mit Leidenschaft zur Tat, zur Revolution drängte.[108] Prinzip dieses Glaubens war das »Negative«, das einerseits mit dem »Geist«, andererseits mit dem »Leben« identisch war.

Bakunin versuchte zwar, dieses Negative in Hegel'scher Weise auf die Logik zurückzuführen, doch gelang ihm das nicht. Auch bei der Darstellung der geschichtlichen Lage handelte es sich mehr um eine Zukunftsvision als um eine Analyse der gegenwärtigen Lage. Seine Schrift endete mit den Worten: »Laßt uns also dem ewigen Geist vertrauen, der nur deshalb zerstört und vernichtet, weil er der unergründliche Quell alles Lebens ist. – Die Lust der Zerstörung ist zugleich eine schaffende Lust.«[109]

5.2 Bakunins Spätsystem

Zu diesem Spätsystem rechnet mensch alle Werke, die Bakunin während seiner vierten, der radikalistisch-antimetaphysischen Phase (1849-1872), verfasst hatte. Das wichtigste theoretische Werk war »Gott und der Staat (1871)«[110]. Daneben wird hier der Briefwechsel mit Herzen und Ogarjow[111] sowie die Schriften »Revolutionärer Katechismus« (1866) und »Staatlichkeit und Anarchie« (1873) behandelt.

5.2.1 Politische Vorstellungen Bakunins

5.2.1.1 Politische Ziele

Bakunin bekannte sich zum Anarchismus und prägte den Begriff.[112] Er wandte sich gegen den Staat, die Kirche und das Eigentum. Die Forderung nach Abschaffung des Staates kehrte in seinen Werken immer wieder.[113] So hieß es im Programm der polnischen Sektion der Internationalen Arbeitergesellschaft: »Wir wollen weder herrschen, noch der Herrschaft irgendwelcher Herren und Behörden gehorchen, unter welchem Vorwand es auch immer sei. Feinde jeder Art der Beherrschung von Menschen durch Menschen sind wir eben deshalb Feinde jeder Art von Herrschaft (Staat), da wir überzeugt sind, dass jede Form von Herrschaft, in was für ein demokratisches Gewand sie auch gehüllt sein möge, für die herrschende Minderheit immer ein vorteilhaftes Privilegium, für die Volksmehrheit aber ein Gefängnis sein werde.«[114]
Gegen den Staat wurden die verschiedenen Argumente vorgebracht:

1. der Staat behindere den sozialen Fortschritt;[115]
2. der Staat sei die Quelle aller Unfreiheit;[116]
3. der Staat begünstige die Ausbeutung der Arbeiter.[117]

Überhaupt seien die Interessen des Staates und des Volkes unvereinbar: »Die Befreiung des Volkes wünschen, heißt die schonungslose Zerstörung der ganzen Ordnung des Staates, der Vernichtung aller sozialen Verhältnisse, aller Kräfte, Mittel, Dinge und Leute, auf denen die Macht des Reiches beruht.«[118]

Auch gegen das Recht wandte er sich: »Mit dem Staat muß notwendigerweise alles das fallen, was sich das juristische Recht nennt, jede sogenannte legale Reglementierung des Volkslebens von oben nach unten auf dem Wege der Gesetzgebung und Regierung, eine Reglementierung, die niemals einen anderen Zweck verfolgte, als die Ausbeutung der Arbeit der Volksmassen zu Gunsten der regierenden Klassen zu etablieren und zu systematisieren.«[119]

Andererseits sprach er aber davon, nur diejenigen sollen in der »revolutionären Gesellschaft« juristisch anerkennt werden, die nicht im Gegensatz zu den Grundprinzipien der Gesellschaft stünden.[120] Er verneinte daher lediglich das gesetzte Recht, nicht aber ein Vertragsrecht.

Bakunin bekämpfte mit seiner Theorie besonders die Kirchen: Die slawische Sektion[121], materialistisch und atheistisch, bekämpfe alle Kulte, alle Kirchen, offizielle und nicht offizielle. Allerdings hatte er nicht vor, jede Religionsausübung zu unterbinden: »Abschaffung jeder vom Staat geschützten und bezahlten offiziellen Kirche. Absolute Gewissens- und Kulturfreiheit mit unbeschränktem Recht eines jeden, seinen Göttern Tempel zu errichten und seine Priester zu bezahlen.«[122]

Ein wichtiger Punkt für Bakunin war die Abschaffung des Privateigentums in der heutigen Form. Er proklamierte die »ökumenische und soziale Gleichheit.«[123]

Im Gegensatz zu anderen Sozialist*innen verneinte er nicht ein persönliches Vermögen des Einzelnen: »Die ökumenische und soziale Gerechtigkeit bedingt ebenso wenig die Gleichmachung des persönlichen Vermögens, insoweit es das Produkt der Fähigkeiten, produktive Energie und Sparsamkeit jedes Einzelnen ist.«[124]

Er verlangte vielmehr, dass jeder den gleichen Ausgangspunkt haben sollte. Bakunin wandte sich daher gegen das Erbrecht: »Diese Gleichheit des Ausgangspunktes, welche die Gerechtigkeit für jeden erfordert, wird unmöglich sein, solange das Erbrecht bestehen bleibt.«[125] An die Stelle der »juristischen Ehe« sollte die »freie Ehe« treten: »Abschaffung nicht der natürlichen Familie, aber der legalen, auf dem bürgerlichen Recht und dem Eigentum begründeten Familie. Die religiöse und die Zivilehe werden durch die freie Ehe ersetzt.«[126]

Auch das Recht der Eltern an ihren Kindern sollte eingeschränkt werden. Bakunin vertrat folgende Auffassung: »Die Kinder gehören weder ihren Eltern, noch der Gesellschaft, sie gehören sich selbst und ihrer künftigen Freiheit. [127] Sie sollten sich unter der ›Vormundschaft‹ der Eltern und der ›Obervormundschaft‹ der Gesellschaft befinden.«

Alle diese politischen Ziele verstand Bakunin aber nicht als endgültige Form des menschlichen Zusammenlebens. Sie waren vielmehr nur vorläufige Forderungen, die in der Revolution verwirklicht werden sollten, um Raum zu schaffen für die spätere ungestörte Entwicklung der Gesellschaft, die mensch sich damals noch nicht vorstellen konnte.[128] Sie hatten lediglich den Zweck, rein negativ zu deutlich zu machen, dass nach der Revolution wieder Herrschaft entstehe. Bakunin nannte deshalb den angestrebten Zustand »Amorphismus«, aus dem sich später der »Förderalismus« entwickeln könnte.[129]

5.2.1.2 Politische Methoden

Die alleinige Methode, den zukünftigen Zustand herbeizuführen, war für Bakunin die Revolution.[130] Ausgangspunkt der Revolution waren in Russland und Südeuropa die Bauern, in Westeuropa die Fabrikarbeiter*innen. Sie bildeten das eigentliche Volk, das sich nach Bakunins Auffassung immer schon in einem latenten Aufstand gegen den Staat und die herrschenden Klassen befände. Die »bewussten Revolutionäre«, vor allem die politisch gebildete Jugend, bräuchte deshalb das Volk nur aufzuwiegeln.[131] Um diese Propaganda durchführen zu können, sollten sich die Revolutionäre in geheimen »Cercles« organisieren, die von Bakunins »Revolutionärer Gesellschaft« zusammengefasst werden sollten. Diese »Cercles« sollten nicht aus eigener Kraft eine Revolution beginnen, sondern nur spontan entstehende Unruhen in eine zielgerichtete soziale Revolution verwandeln: »(...) stürzen wir uns, Brüder, also wie ein Mann ins Volk, in die Volksbewegung, in den Räuber- und Bauernaufruhr, und indem wir unsere treue feste Freundschaft erhalten, wollen wir die vereinzelten Bauernexplosionen zu einer wohlüberlegten, aber schonungslosen Revolution vereinigen.«[132]

Die »revolutionäre Gesellschaft« und die mit ihr zusammenarbeitenden »Cercles« sollten keineswegs Kader für den künftigen revolutionären Kampf sein. Sie sollten nur dem Volk ihre politischen Erkenntnisse mitteilen, damit dies von selbst den richtigen Weg der Revolution findet. War die Revolution ausgebrochen, hätten sie ihre Bedeutung verloren und müssten wieder aufgelöst werden.

Wichtigstes Mittel des revolutionären Kampfes war die »Propaganda der Tat«. Jede revolutionäre Propaganda sollte von Aktionen begleitet sein: »Die Rede hat keinen Reiz und Worte sind nur Worte, wenn sie nicht Ausdruck der Macht und nicht unmittelbar von Taten begleitet sind.«[133] Die wirksamste Form der »Propaganda der Tat« waren nach Bakunins Meinung permanente Aufstandsversuche. Wenn sich das Volk auch nicht am ersten beteilige, dann doch vielleicht am zwanzigsten.[134] Attentate dagegen lehnte er ab, weil sie in der Regel keinen Aufstand auslösen könnten.[135]

Bakunins Politik wollte jede Form von Herrschaft beseitigen: Staat, Kirche und Gesetze. Er entwarf keinen endgültigen Plan der zukünftigen Gesellschaft. Diese sollte sich erst nach der Revolution von selbst entwickeln. Einziges Mittel seiner Politik war die Revolution, die als völlige Zerstörung des bisher Bestehenden verstanden wurde.

5.2.2 Die vier philosophischen Richtungen in Bakunins Spätsystem

Während das politische Programm und auch die politischen Methoden in Bakunins Spätsystem recht konstant und widerspruchslos blieben, konnte mensch im Gegensatz zum Frühsystem keine einheitliche Philosophie feststellen.[136]

Es kann zwischen vier verschiedene Richtungen unterscheiden: eine antiautoritäre, eine materialistische, eine revolutionär-metaphysische und eine aktivistische. Sie standen untereinander zwar in Zusammenhang, widersprachen sich aber auch oft.

5.2.2.1 Antiautoritäres Denken

Bakunin lehnte insgesamt jede Autorität ab: »Mit einem Wort, wir weisen alle privilegierte, patentierte, offizielle und legale Gesetzgebung, Autorität und Beeinflussung zurück, selbst wenn sie aus dem allgemeinen Stimmrecht hervorgegangen sind.«[137]

Autorität war also dasjenige, was er am Staat, den Kirchen, den Gesetzen ablehnte. Ihre negative Wirkung enthielt sie von der in ihr liegenden Unterdrückung der »Massen der Gesellschaft« oder des »Volkes«. Ihr Wesen bestimmte er folgendermaßen: »Was ist Autorität? Ist es unvermeidliche Macht der Naturgesetze, die sich in der Verkettung und notwendigen Aufeinanderfolge der Erscheinungen der physischen und sozialen Welt äußern? Gegen diese Gesetze ist tatsächlich die Empörung nicht nur verboten, sondern auch unmöglich.«[138] Wenn die Menschen auch Sklaven dieser Gesetze waren, so lag doch nichts Erniedrigendes darin, da sie das eigentliche Wesen des Menschen ausmachten: »Den Naturgesetzen gegenüber ist für den Menschen nur eine Freiheit möglich: Sie zu erkennen und sie immer mehr seinem Ziel der kollektiven und individuellen Befreiung oder Humanisierung entsprechend anzuwenden.«[139]

Freiheit wäre demnach die bewusste Anwendung von Naturgesetzen, Unfreiheit die unbewusste. Für die Beurteilung der Wissenschaft als Autorität ergab sich hier ein Zwiespalt, denn nur sie kann die Kenntnis der Naturgesetze vermitteln. Bakunin nannte sie daher die einzige Autorität, die die Anarchist*innen anerkennen würden.[140]

Andererseits war diese Kenntnis der Naturgesetze nie vollkommen, mensch konnte also den Wissenschaften nicht die Leitung der Gesellschaft übertragen, da solch eine Leitung den Anspruch erheben würde, das Leben der Gesellschaft vollständig zu regeln, obwohl sie dessen Naturgesetze nicht vollständig kenne: »Wenn man also das praktische Leben der Gesellschaft und des einzelnen zwingen würde, sich streng und ausschließlich den letzten Ergebnissen der Wissenschaft anzupassen, würde man Gesellschaft und Individuen zu den Qualen eines Prokustesbettes verurteilen, das sie bald zerren und erdrücken würden, da das Leben immer unendlich weiter ist als die Wissenschaft.«[141]

Diese Reserve gegenüber wissenschaftlichen »Kapazitäten« beruhte bei Bakunin auf der unvollkommnen Kenntnis der Naturgesetze. Er unterschied zwischen der beschränkten Erkenntnis der Wissenschaften und der »absoluten Wissenschaft«, die nie ganz erreicht werde: »Ich verstehe unter ›absoluter Wissenschaft‹ die wirklich universelle Wissenschaft, die das Universum, das System oder die Zusammenordnung aller in der beständigen Entwicklung der Welten äußernden Naturgesetze in seiner ganzen Ausdehnung wiedergeben würde. Es ist klar, dass diese Wissenschaft das erhaltene Ziel aller Anstrengungen des menschlichen Geistes nie in absoluter Vollständigkeit verwirklicht werden wird.[142] Diese Wissenschaft setzte er in Beziehung zum »wirklichen Leben«, der »wirklichen Welt«.

Bakunins antiautoritäres Denken beruhte also darauf, dass er sich auf die »absolute Wissenschaft« berief und ihre Vollkommenheit gegen die Unvollkommenheit aller heutigen Wissenschaftler*innen ausspielte.[143] Nach diesem Ansatz wäre also die Freiheit dann vollkommen erreicht, wenn alle Naturgesetze erkannt seins, die »absolute Wissenschaft« also realisiert wäre.

5.2.2.2 Die materialistische Metaphysik

Die Schrift »Gott und der Staat« (1871) beginnt mit einem geradezu leidenschaftlichen Bekenntnis zum Materialismus: »Wer hat recht, die Idealisten oder die Materialisten? Wenn die Frage einmal so gestellt wird, wird ein Zaudern unmöglich. Ohne jeden Zweifel haben die Idealisten Unrecht und nur die Materialisten haben Recht. Jawohl, die ganze geistige unmoralische, politische und soziale Geschichte der Menschheit ist ein Reflex ihrer wirtschaftlichen Geschichte. (...) Jawohl, die soziale Welt, die menschliche Welt im eigentlichen Sinne, die Menschheit mit einem Wort ist die letzte und oberste Entwicklung, der höchste Ausdruck der Animalität.«[144]

Diese Materie war demnach dasjenige, das allen Erscheinungen der Welt zugrunde liegt. Bakunin beschrieb die Geschichte der Materie folgendermaßen: »Die allmähliche Entwicklung der materiellen Welt ist vollkommen fassbar, ebenso wie die des organischen, tierischen Lebens und die der im Laufe der Geschichte fortschreitenden, individuellen und sozialen Intelligenz der Menschen auf dieser Welt. Sie ist eine ganz natürliche Bewegung vom Einfachen zum Zusammengesetzten von unten nach oben oder von dem Niedrigen zu dem Höheren.«[145]

Bakunin versuchte auch, die Grundlage für diese Entwicklung zu erklären: »Da aber jede Entwicklung notwendig eine Verneinung einschließt, nämlich die Verneinung ihrer Grundlage oder ihres Ausgangspunktes, ist die Menschheit zugleich und vor allem die bewusste und fortschreitende Verneinung der tierischen Natur des Menschen, und gerade diese ebenso vernünftige als natürliche Verneinung, die nur vernünftig ist, weil sie natürlich ist, geschichtlich und logisch wie die Entwicklungen und Produkte aller Naturgesetze, gerade diese Verneinung bildet und schafft das Ideal, die Welt der geistigen und moralischen Überzeugungen, die Ideen.[146]

Entsprechend der Entwicklung der Materie verlief die Entwicklung des Menschen: »Drei Elemente oder drei Grundprinzipien bilden die wesentlichen Bedingungen aller gemeinschaftlichen und persönlichen Entwicklung in der Geschichte: erstens die menschliche Animalität, zweitens das Denken, drittens die Empörung. Dem ersten entspricht die soziale und private Wirtschaft, dem zweiten die Wissenschaften und dem dritten die Freiheit.«[147]

Aufgrund dieser materialistischen Theorie schloss er sich Feuerbachs Religionstheorie an: »Die Welt war nichts mehr, die Gottheit alles, und der Mensch, ihr wahrer Schöpfer, der sie ohne sein Wissen aus dem Nichts herausgezogen, beugte sein Knie vor ihr, betete sie an und erklärte sich als ihr Geschöpf und ihr Sklave.«[148]

Daraus zog Bakunin den Schluss: »Wenn Gott existiert, ist der Mensch ein Sklave, der Mensch kann und soll aber frei sein, folglich existiert Gott nicht.«[149]

Er sah Gott als eine bis zu einem gewissen Grad wirkliche Macht an: »So lange die leichtgläubige Phantasie des Menschen ihm gestattet, zu existieren, wird er immer der absolute Herrscher, der Herr von Sklaven sein.«[150]

Dieser absolute Herrscher musste gestützt werden, und zwar um der »menschlichen Gesellschaft« willen. Die Faszination der Religion auf die Massen, ihre »mystischen Neigungen« waren weniger »Verirrung des Geistes« als der »leidenschaftliche Aufschrei des menschlichen Wesens gegen die Enge, die Flachheit, die Schmerzen und die Schande eines erbärmlichen Lebens.«[151] Beugten sich aber die Menschen unter Gott als ihre Hoffnung, so waren sie »Sklaven Gottes« und damit auch »Sklaven der Kirche und des Staates.«[152]

Die Gesellschaft ist eine besondere Entwicklungsstufe der Materie, die Bakunin auch mit der »Natur« gleichsetzt: »Die Gesellschaft ist vor jedem Individuum da und überlebt es zugleich, wie die Natur; sie ist ewig wie die Natur, oder vielmehr, entstanden auf der Erde, wird sie ebenso lange dauern, wie die Erde besteht (...) sie ist eine ungeheure positive und unnahbare Tatsache, jedem Bewusstsein, jeder Idee, jeder geistigen und moralischen Wertung vorausgehend, sie ist die Grundlage, die Welt, in welcher, durch das Schicksal bestimmt, später sich das entwickelt, was wir das Glück und das Übel nennen.«[153]

Bedeutsam war nun das Verhältnis der Einzelnen zur Gesellschaft. Bakunin nahm an, der Einzelne könne sich gegen die Gesellschaft empören. Dies sei aber sehr schwer, »denn mit allen seinen materiellen, geistigen und moralischen Strebungen und Neigungen ist er nichts als ein Produkt der Gesellschaft.«[154]

Die gesellschaftlichen Gesetze waren Naturgesetze, sie nahmen an deren Allmacht teil, waren Grundlage der menschlichen Existenz: »Der Mensch entsteht in der Gesellschaft, mindestens von dem Augenblick an, wo er den ersten Schritt zum Menschentum tat, wo er angefangen hat, ein menschliches, d.h. ein sprechendes und mehr oder weniger denkendes Wesen zu sein, wie die Ameise in einem Ameisenhaufen und wie die Biene im Bienenstock entsteht; er wählt sie nicht, er ist im Gegenteil ihr Produkt, er ist ebenso schicksalsbestimmt den natürlichen Gesetzen, welche seine notwendige Entwicklung leiten, unterworfen, wie er allen anderen natürlichen Gesetzen gehorcht.«[155]

Auch die individuelle Freiheit war ein Produkt der Gesellschaft: »Im System der Materialisten, das das allein natürliche und logische ist, schafft erst die Gesellschaft, weit entfernt davon, die Freiheit zu verringern und zu beschränken, die Freiheit der menschlichen Individuen. Sie ist die Wurzel, der Baum, die Freiheit ihre Frucht.«[156]

Die Menschen erarbeiten gemeinsam ihre Freiheit. Sie erkannten gemeinsam die Naturgesetze, kultivierten die Erdoberfläche, lernten ihre Triebe zu beherrschen. Außerhalb der menschlichen Gesellschaft hatte Freiheit keinen Sinn. Auch ein Bewusstsein der Freiheit war dann nicht möglich: »Die Freiheit ist also keineswegs Sache der Isolierung, sondern der gegenteiligen Anerkennung, keine Sache der Abgeschlossenheit, sondern im Gegenteil der Vereinigung.«[157]

Bakunin lehnte daher die Theorie des contrat social ab: »Die persönliche Freiheit ist nach ihnen (den Liberalen, M.L.) keineswegs ein Werk, ein historisches Produkt der Gesellschaft. Sie behaupten, dass sie jeder Gesellschaft vorangehe und dass jeder Mensch sie mit seiner unsterblichen Seele als ein Geschenk Gottes mitbringe. Woraus hervorgeht, dass der Mensch nur außerhalb der Gesellschaft ganz er selbst, ein ganzes und gewissermaßen absolutes Wesen ist. (...) Mit einem Wort: In dieser Theorie sind es nicht die Individuen, die durch die Gesellschaft geschaffen werden, es sind im Gegenteil sie, welche sie schaffen. (...) Man sieht, dass in dieser Theorie die eigentliche Gesellschaft nicht existiert; die natürliche menschliche Gesellschaft, der tatsächliche Ausgangspunkt jeder menschlichen Kultur, das einzige Milieu, in welchem die Persönlichkeit und die Freiheit des Menschen wirklich entstehen und sich entwickeln können, ist ihr vollständig unbekannt.«[158]

Auch die Lehre von der Unsterblichkeit der Seele bekämpfte er um der Gesellschaft willen: »Es ist klar, daß sobald der Mensch mit einer unsterblichen Seele, mit einer Unendlichkeit und einer dieser Seele fest verbundenen Freiheit begabt ist, er ein ausgesprochenes antisoziales Wesen ist.«[159] Er ging in seinem Bestreben, die Gesellschaft zur Grundlage des individuellen Daseins zu machen, so weit, dass er ausführte: »(...) sie individualisiert sich gewissermaßen in jedem von ihnen.«[160]

Er sprach dem Individuum jede Realität ab, ebenso wie vorher der Gottesidee: »Dieses einsame und abstrakte Individuum ist eine Fiktion, gleich der Gottes, beide sind gleichzeitig geschaffen, durch die glaubende Phantasie. (...) Alle beiden stellen ein Abstractum dar, bar jeden Inhalts und mit der Wirklichkeit unvereinbar, und laufen hinaus auf das Nichts.«[161]

Laut Bakunin war die Idee des Individuums mit der Realität, der Gesellschaft, unvereinbar: alle Eigenschaften des Individuums, seine Unsterblichkeit, Besonderheit, Vernunft, seine Freiheit, gab es entweder nicht, oder sie waren Produkte der Gesellschaft: »Eine radikale Empörung gegen die Gesellschaft wäre für den Menschen demnach ebenso unmöglich wie ein Auflehnen gegen die Natur, da ja die menschliche Gesellschaft nichts anderes war, als die letzte große Offenbarung oder Schöpfung der Natur auf dieser Erde; und ein Individuum, das die Gesellschaft, d.h. die Natur im allgemeinen und im besonderen seine eigene in Frage stellen wollte, würden sich dadurch außerhalb aller Voraussetzungen einer wirklichen Existenz stellen, würde sich stürzen in das Nichts, in die unbedingte Leere, in die tote Abstraktion, in Gott.«[162]

Eine Empörung gegen die Gesellschaft konnte daher nur partiell sein, die Entwicklung der Gesellschaft ging daher auch nur langsam vor sich: »Traditionalismus, Unwissenheit, Pietät und religiöser Glaube lassen die geschichtliche Entwicklung nur langsam vorangehen.«[163]

Um die gesellschaftliche Entwicklung zu beschleunigen, mussten diese Dinge beseitigt werden. Die einzige Möglichkeit, dies zu erreichen, war die Revolution.

5.2.2.3 Die Revolutions-Metaphysik

Kaum ein anderer Anarchist hatte den Revolutionsmythos so deutlich verkörpert wie Bakunin.[164] Die wichtigsten Schriften zu diesem Revolutionsmythos sind in nicht unverfälschter Form erhalten. Die Aufrufe, die in Russland verbreitet werden sollten, enthielten zwei Fehlerquellen: einmal hatte Netschajew an ihnen mitgearbeitet und sie auch noch verfälscht, zum anderen sind die meisten von ihnen nur durch die Denkschrift »L'Alliance de la Démocratie socialiste«[165] erhalten, die Marx von N. Utin ausarbeiten ließ, um Bakunin auf dem Kongress von Den Haag aus der Internationale ausschließen zu können.[166] Bakunin hatte gegen die Utinsche Denkschrift sofort protestiert und sie als Verdrehung und Lüge bezeichnet.

Neben der Denkschrift existierte noch eine andere Quelle. Dragomanov hatte einige der wichtigsten Proklamationen aus dem Nachlass Herzens erhalten.[167] Sie reichten aus, um seine Revolutionstheorien darzustellen, so dass mensch die Utinsche Denkschrift vollkommen außer Acht lassen kann.

Die Revolution bedeutete für Bakunin die Fortsetzung der natürlichen Gesetze der gesellschaftlichen Entwicklung, also die Befreiung des Volkes.[168] Das Volk war eigentlich schon immer laut Bakunin in einer revolutionären Situation: »Empörte es (das Volk M.L.) sich denn nicht von selbst? Es ist im stetigen Aufruhr und hat damit nie aufgehört. Nur trug dies bis jetzt keine Früchte, da es sich vereinzelt zu erheben pflegte, und bis auf den heutigen Tag wurde es in den blutigen Kämpfen stets besiegt und unterdrückt.«[169]

Beweise für diese Ansicht fand Bakunin in der russischen Geschichte: »Von jeher hat es in Russland zwei Arten von Volkserhebungen gegeben: den Aufruhr des friedlichen, aus der Fassung gebrachten Dorfes und den Räuberaufruhr.«[170]

Beides gehörte zur russischen Geschichte seit der Gründung des Moskauer Staates: »Seit der Gründung des Moskauer Staates und der Fesselung der Bauern an die Scholle brechen alljährlich an allen Enden unseres weiten Reiches vereinzelte Bauernaufstände aus. Nicht selten erstrecken sie sich auf ganze Dörferkomplexe und Bezirke.«[171]

Während diese Aufstände aber nur sporadisch waren und immer wieder unterdrückt werden konnten, stellten die Räuber einen weit wichtigeren Protest gegen den russischen Staat dar: »Das Räubertum ist eine der ehrenhaften Formen des russischen Staatslebens. Seit der Gründung des Moskauer Staates war es ein verzweifelter Protest des Volkes gegen die niederträchtige soziale Ordnung, die nach westlichen Mustern vervollkommnet (...) wurde. Der Räuber ist ein Held, ein Verteidiger, ein Retter des Volkes. Er ist der unversöhnbare Feind des Staates und der ganzen vom Staate errichteten sozialen und bürgerlichen Ordnung; er ist ein Kämpfer auf Leben und Tod gegen die ganze Zivilisation der Adligen – Tschinovriks und Regierungspopen.«[172]

Für Bakunin bestand zwischen »Volk« und »Staat« ein unüberbrückbarer Gegensatz: »In Europa verwechselt man gewöhnlich das Reich, das aus Groß- und Kleinrussland, sowie aus allen unterdrückten Ländern besteht, mit dem Volke selbst, indem man irrtümlicherweise annimmt, dass es der wahre Ausdruck der Instinkte, Bestrebungen und der Wille des Volkes ist, während es doch immer die Rolle eines Ausbeuters, eines Reinigers und eines Henkers des russischen Volkes gespielt hat.«[173]

Das Volk war der eigentliche Ort der Revolution, es bestand in dieser Revolte gegen den Staat, so dass Bakunin »Volk« und »Volksrevolution« synonym gebrauchte: »Heftiger als je und gleichsam zum letzten Mal flackert zwischen dem Regierungs- und Volksrussland, der offiziellen, gebildeten Standeswelt in

Russland und der Volksrevolution, der Krieg auf Leben und Tod auf.«[174]

In diesem »Volksrussland« hatten sich nach Bakunins Meinung demokratische und sozialistische Traditionen erhalten: angeblich kannte die russische Dorfgemeinde kein juristisches Recht,[175] beruhte auf freiheitlichen Institutionen,[176] vor allem war hier die Auffassung verbreitet, Grund und Boden sei Gemeineigentum.[177]

Zwischen dem »Volk« und dem »Staat« gab es für Bakunin noch eine mittlere Schicht, nämlich die »Deklassierten«, die ursprünglich höheren Schichten angehörigen, verbannten Personen.[178] Insbesondere rechnete er hierzu die Student*innen, vor allem diejenigen unter ihnen, die von der Universität verwiesen wurden. Diese Personen sollten »ins Volk« gehen: »Nach Abstammung, Bildung, Gewohnheiten selbst ein Teil der privilegierten offiziellen Welt, hat die Jugend die Heldentat der Annäherung an das Volk und der Versöhnung mit ihm zu vollbringen.«[179] Vor allem sollten sie sich dem revolutionärem Teil des Volkes anschließen: »Und jetzt strömt die unterirdische Räuberflut ununterbrochen von Petersburg bis Moskau, von Moskau bis nach Kasan, von Kasan nach Tobolsk, bis zu den Bergwerken von Altai, bis nach Irkutsk und Netscheinsk. Die Räuber in den Wäldern, den Städten, Dörfern, die über ganz Russland verstreut sind, und die in den unzähligen Gefängnissen des Reiches Eingekerkerten, sie alle bilden eine unzertrennliche, festgeschlossene Welt, die Welt der russischen Revolution. Hier und nur hier existiert seit langem eine revolutionäre Konspiration. Wer also in Russland ernsthaft konspirieren will, wer die Volksrevolution wünscht, der soll in diese Welt gehen.«[180]

Dieser revolutionären, aber noch nicht politisch bewussten »Räuberwelt« sollten die jungen Revolutionäre die nötigen Ziele geben, sie sollten die bisher ungeordnete Revolte zu ihrem eigentlichen Ziel, der Vernichtung des Staates, hinführen: »Seid eingedenk, Freunde, dass die gebildete Jugend kein Lehrer, kein Wohltäter und kein diktatorischer Leiter für das Volk sein soll, sondern nur eine Hebamme für die Selbstbefreiung des Volkes, und dass sie die Kräfte und Anstrengungen desselben vereinigen muß.«[181]

Nach Vollendung der Revolution sollte die revolutionäre Jugend dann »im Volk« aufgehen: »Kümmert euch nicht um die Wissenschaft, in deren Namen man euch binden und unschädlich machen möchte. Diese Wissenschaft muß im Verein mit der Welt, deren Ausdruck sie ist, zu Grunde gehen. Dafür aber wird später nach dem Siege des Volkes, im Leben des befreiten Volkes ohne Zweifel eine lebendige und neue Wissenschaft entstehen.«[182]

Die Revolution war laut Bakunin auch eine Befreiung des Einzelnen, besonders derjenigen, die der Staat durch seine »Zivilisation«, die »Wissenschaft«, innerlich unfrei gemacht hat: »Die doktrinäre gelehrte Ausartung ist vielleicht gefährlicher als irgend eine andere. Sie durchdringt mit ihrem langsam wirkenden Gifte alle Gedanken und Gefühle, den Willen, das Herz und den Geist des Menschen, indem sie im Namen des ebenso trügerischen wie tönenden Wortes ›Zivilisation‹ die Theorie der abscheulichsten Ausbeutung des Volkes schafft und ihr Gesetzeskraft verleiht. Unter dem Einfluß dieser Wissenschaft und der staatlichen und sozialen Vorteile, die bei uns eng miteinander verbunden sind, würde ich die Mehrzahl von Euch zu Beamtenvieh heranbilden.«[183]

In der Vorbereitung der Revolution, in den einzelnen »revolutionären Akten« und die Konspiration gegen den Staat nahmen die Revolutionäre die spätere Freiheit schon vorweg. In der Schrift »Die Prinzipien der Revolution«[184] steigerte Bakunin diese Auffassung zum Immoralismus: »Wenn wir auch keine andere Tätigkeit als die Seele der Zerstörung anerkennen, so sind wir dennoch der Meinung, dass die Formen, in denen diese Tätigkeit sich äußern mag, außerordentlich mannigfaltig sein können. Luft, Dolch, Schlinge und dergleichen! (...) Die Revolution heiligt alles in diesem Kampfe in gleicher Weise. Das Feld ist also frei!«[185]

Vor allem war die Revolution für Bakunin ein Einswerden des Einzelnen mit dem »Volk«: »Das Volk mag roh und ungebildet sein – ich sage nicht unterentwickelt, weil es eine bedeutendere historische Entwicklung hat als wir, aber es pocht Leben in ihm, es hat eine Kraft, eine Zukunft – es existiert. (...) Wir aber sind ein Nichts, unser Leben ist leer und zwecklos, und haben wir eine Zukunft, so ist es in und mit dem Volke: Wir werden ihm eine Form zum Leben, es wird uns das Leben selbst geben.«[186]

Diese Absicht, »ins Volk zu gehen«, war ein Akt der Selbstbefreiung, der Selbsterlösung. Damit korrespondierte eine Art »Sündenbewusstsein« des gebildeten Menschen: »Da die jetzige

Generation selbst unter dem Einfluß jener verabscheuungswürdigen Lebensbedingungen stand, welche sie jetzt zu zerstören hat, so darf der Aufbau nicht ihre Sache sein, die Sache jener reinen Kräfte, die in den Tagen der Erneuerung entstehen. Die Abscheulichkeiten der zeitgenössischen Zivilisation, in der wir aufgewachsen sind, haben uns der Fähigkeit beraubt, das Paradiesgebäude des zukünftigen Lebens aufzurichten.«[187]

Auf diesen drei Elementen – der Hoffnung von der Vereinigung mit dem Volk ein wahrhaftiges, besseres Leben zu erlangen, dem Bewusstsein für die erhoffte bessere Welt eigentlich schon verdorben zu sein, und der Erwartung des paradiesischen, herrschaftslosen Zustands – beruhte das besondere Pathos der Bakunin'schen Revolutionäre. Er schrieb an Ogarjow: »Nicht bereuen und nicht bedauern sollen wir, sondern alles sammeln, was in uns an Kraft, Geist, Verstand, Gesundheit, Leidenschaft und Willen von unseren Fehlern und Drangsalen noch verschont geblieben ist, das alles müssen wir konzentrieren, um dem einzig ersehnten und letztem Ziele zu dienen, der Revolution. Warum frägst Du, ob wir sie erleben werden oder nicht? Das vermag niemand zu erraten.«[188]

Die Revolution sollte nicht nur den Einzelnen befreien und bessern, auch das Volk sollte moralisch gebessert werden. Laut Bakunin sollte die Revolution nicht nur Religion und Kirche, sondern auch Wirtshäuser und die Ausschweifungsgewohnheiten im »Volk« beseitigen: »(...) durch Ersatz der gleichzeitig trügerischen und niedrigen Genüsse dieser körperlich und geistigen Zügellosigkeit durch die ebenso feinen wie wirklichen Genüsse, der in jedem und in allen sich vollständig entwickelnden Menschlichkeit, wird die soziale Revolution allein die Macht haben, gleichzeitig alle Wirtshäuser und alle Kirchen zu schließen.«[189]

Eine Revolution, die so große Wirkungen auf den Einzelnen und das »Volk« haben sollte, musste allerdings die bisherigen Formen des menschlichen Zusammenlebens zerstören: »Sie muß mit der völligen Veränderung aller sozialer Lebensbedingungen beginnen, d.h. die jetzige Generation muß alles Bestehende ohne Unterschied blindlings zerstören, in dem einzigen Gedanken, möglichst rasch und möglichst viel.«[190] Nur aus dieser absoluten Negation könnte eine totale Veränderung von Gesellschaft und Individuum entstehen.

Bakunins Revolutionsmetaphorik beruhte auf der Vorstellung, dass das »Volk« und der »Staat« unversöhnliche Gegensätze darstellen. Das »Volk« setzte er gleich mit der »Gesellschaft«, dem »Leben«. Das »Volk« wird durch den »Staat«, der laut Bakunin selbst tot und wertlos ist, an seiner natürlichen Entwicklung gehindert.

5.2.2.4 Die Philosophie der Tat

An vielen Stellen von Bakunins Schriften findet mensch eine Verherrlichung der Tat, zugleich eine Abwertung der Theorie.[191] Ihren Höhepunkt findet diese Einstellung im Immoralismus, der in seiner Schrift »Prinzipien der Revolution« (1866) deutlich wird. Erst in seiner letzten Entwicklungsphase wird er dieser Theorie untreu, er verliert den Glauben an das Diktum, die Revolution heilige alle Mittel, sondern sieht in der wahrhaftigen, sittlichen Persönlichkeit die Grundlage für eine erfolgreiche Revolution.[192]

Der Kern der Philosophie der Tat war folgender: »Wir glauben nur denjenigen, die ihre Ergebenheit für die Revolutionssache durch die Tat äußern, ohne Folter und Kerker zu fürchten, daher verwerfen wir alle Worte, denen nicht die Tat auf dem Fuße folgt. (...) Wir wollen, dass jetzt nur die Tat das Wort führe, wir wollen nicht, dass sich der Geist in eitlem Geschwätz verwickle, dass der Ton der Polemik, der Eifer in der Presse die Charakter schände, neue Schwätzer hervorbringe und die Aufmerksamkeit auf leeres Zeug ablenke, die sich jetzt auf wichtigere Dinge konzentrieren muß. Alle die Schwätzer, die das nicht begreifen, werden wir mit Gewalt zum Schweigen bringen.«[193]

Hintergrund dieser Worte war Bakunins Geschichtsbild. Für ihn waren nur die revolutionären Bewegungen in einem Volk bedeutsam, alles andere war tot und wertlos. [194] Erst der totale Umsturz kann eine »lebendige Organisation der Gesellschaft« erwirken, was ein »neues Leben und eine neue Welt«[195] bringt.

Andererseits hatte es laut Bakunin das »wahre Leben« noch nie gegeben, da es noch nie eine wirkliche Revolution im Sinne eines totalen Umsturzes gab.[196] Wenn also der/die Einzelne/n zu seinem »wahren Leben« gelangen will, so konnte er/sie dies zum gegenwärtigen Zeitpunkt nur durch die revolutionäre Tat.[197] In ihr und nur in ihr konnte er/sie sich zum »wahren Leben« in

Beziehung setzen. Hierin konnte er/sie bis zu einem gewissen Grad den zukünftigen Zustand vorwegnehmen. Nur in dieser Vorgehensweise sah Bakunin in dem aktivistischen Teil seiner späteren Lehre eine sinnvolle Existenz. Mit der Entwertung von Gegenwart und Vergangenheit gegenüber der Zukunft verlor auch das Denken gegenüber dem Handeln seinen Wert.

6. Bakunins Wirkung

6.1 Russischer Anarchismus

Die große Rolle, die Russ*innen in der Geschichte des internationalen Anarchismus gespielt haben, verleitet zu der Annahme, diese sei eng mit der russischen innenpolitischen Entwicklung verwoben.[198] Bestärkt wird diese Tendenz durch die sozialrevolutionäre Romantik, mit der Bakunin die Entwicklung der russischen Bevölkerung umgeben hat. Tatsächlich beschränkte sich der Einfluss zunächst auf intellektuelle Kreise vor allem in St. Petersburg, die mehr oder weniger erfolgreich versuchten, auf Arbeiter*innen und Landbevölkerung Einfluss zu gewinnen. Erst nach der fehlgeschlagenen Revolution von 1905 erstarkte der russische Anarchismus zu einer Massenbewegung.[199]

Mensch konnte fortan drei unterschiedliche Richtungen feststellen: Einmal der Anarchismus nationaler Minderheiten, der besonders unter der jüdischen Bevölkerung Russlands anzutreffen war. Bei diesen unterdrückten Bevölkerungsgruppen fanden die Anarchist*innen ihre frühesten Anhänger.[200]

Durch Emigrant*innen strahlte der Anarchismus insbesondere nach Amerika aus, er war eng verbunden mit der zweiten Gruppe des russischen Anarchismus, dem der Industriearbeiter*innen. Diese Richtung neigte den förderalistischen und kommunistischen Ideen Bakunins und Kropotkins zu, es fanden sich aber auch Syndikalist*innen darunter und eine Menge individualistischer Anarchist*innen, die auf den Einfluss Tolstojs zurückgingen.

Die dritte bedeutsame Gruppe bildeten die ländlichen Anarchist*innen. Bakunin sah insbesondere die Bauern als Träger revolutionärer Entwicklungen, und die von ihm beeinflussten Narodniki[201] agitierten deshalb mit Vorliebe auf dem Land. So gab es in Russland – im Gegensatz zu fast allen anderen Ländern Europas

– eine wichtige ländliche Richtung des Anarchismus, die im 1. Weltkrieg erstarken konnte.

Die städtische und ländliche Richtung des Anarchismus entwickelte sich in der Revolution von 1917-1921 unterschiedlich. Dass die städtischen Anarchist*innen wichtige Träger dieser Revolution waren, ist unbestritten. Problematisch und meist vom politischen Standpunkt des Autors abhängig war dagegen die Größe des Anteils, den sie an der Revolution besaßen. Jedoch ist sicher, dass es ihnen praktisch in keiner Phase der Revolution gelang, selbst die geschichtliche Entwicklung zu bestimmen.[202] Sie rieben sich vielmehr in wechselnden Bündnissen mit anderen revolutionären Gruppen auf und wurden nach 1918 von den Bolschewiki mit staatlichen Machtmitteln unterdrückt.

Eine andere Entwicklung nahm der agrarische Anarchismus, wohl nicht zuletzt deshalb, weil er in Nestor Machno[203] eine wichtige Integrationsfigur besaß. Machno stellte im Sommer 1918 die erste Partisaneneinheit auf, die in der Ukraine sehr erfolgreich gegen die deutschen und österreicherischen Verbände kämpfte. Diese Partisanen*innenverbände entwickelten sich schnell zu einer regelrechten Armee, die zeitweise ein Gebiet von sieben Millionen Einwohner*innen kontrollierte. Hier versuchten die Anarchist*innen mit unterschiedlichem Erfolg, Wirtschaft und Verwaltung nach ihren Vorstellungen umzugestalten. Die Tatsache, dass sie das Land unmittelbar an die Bauern übergaben, verschaffte ihnen große propagandistische Vorteile gegenüber der deutschen Besatzungsmacht, aber auch gegenüber den Bolschewiki.

Lenin tolerierte die Machno-Bewegung nur solange, wie sie ihm im Kampf gegen deutsche und »weiße« Einheiten von Nutzen sein konnte. Als dann im August 1920 die Position der Roten Armee im Süden Russlands stark genug war, zögerte er nicht, seine bisherigen Verbündeten anzugreifen. Machno wehrte sich noch ein ganzes Jahr, dann war der Widerstand der Anarchist*innen gebrochen.

6.2 Spanischer Anarchismus

Guiseppe Fanelli, ein enger Vertrauter Bakunins, reiste im Winter 1868/69 nach Spanien, um dort die anarchistischen Ideen Bakunin'scher Prägung bekannt zu machen. Sowohl in den großen Städten (Madrid, Barcelona, Saragossa) als auch auf dem Lande verbreiteten sich die Gedanken innerhalb kurzer Zeit. Zur Verbreitung des Anarchismus in Spanien trug vor allem die Zeitung »La Solidaridad« (»Die Solidarität«) bei. Im Jahre 1870 existierten in Spanien bereits 150 Gruppen mit ca. 40000 Mitgliedern. Im selben Jahr fand ein Kongress in Barcelona statt, wo sich Vertreter*innen von 150 verschiedenen Arbeiter*innenvereinigungen trafen und künftige Organisationsformen diskutiert wurden. In der Folgezeit wurden kleinere anarchistische Aufstände, wie in Jerez, von der Staatsmacht brutal niedergeschlagen.

Im Jahre 1900 wurde eine neue Organisation, die »Förderation der Arbeitsgemeinschaften der Spanischen Region« gegründet. Die Organisation verband Anarchosyndikalismus mit libertären Prinzipien.

Ein Generalstreik im Jahre 1909 in Barcelona wurde von der spanischen Regierung unterdrückt. Als Reaktion darauf wurde eine landesweite Organisation, die »Confederatión Nacional del Trabajo« (CNT) im Oktober 1910 gegründet, die aus 30000 Mitgliedern bestand.

Nach der Niederschlagung eines weiteren Generalstreiks in Barcelona im Jahre 1919 verbot der Diktator Miguel Primo de Rivera alle anarchistischen Organisationen und Publikationen, was die anarchistische Bewegung deutlich schwächte. Im Jahre 1927 hatte sich der Anarchismus konsolidiert und es kam zur Gründung der FAI (Iberischer Anarchistischer Bund), der in der Anfangszeit einen militant revolutionären Charakter besaß.

Spanien war in der Kette der politischen Umwälzungen nach dem 1. Weltkrieg das letzte Land, in dem Anarchist*innen vorübergehend an der politischen Weichenstellung teilhaben konnten.[204]

Ähnlich wie in Russland konnte mensch auch in Spanien eine städtische und eine agrarische Variante des Anarchismus feststellen. Hierbei muss man allerdings bedenken, dass die städtischen Industriearbeiter*innen Spaniens stets eine starke Bindung zu ihrer heimatlichen Dorfgemeinschaft bewahrten. Der Anarchismus fand besonders seine Anhänger unter den Industriearbeiter*innen Kataloniens und der bäuerlichen Bevölkerung sowie den Landarbeiter*innen Andalusiens.[205]

Anders als in Russland waren aber in Spanien die Verbindungen zu den westeuropäischen Ländern und damit auch zu den dortigen Anarchist*innen sehr eng. Anders als in anderen westeuropäischen Ländern hatte sich in Spanien bis in die Mitte des 19. Jahrhunderts eine feudalistische Gesellschafts- und Wirtschaftsstruktur erhalten.[206] Diese Agrarstruktur, die sich aus einem typisch mittelalterlichen Gewebe von Genossenschaften und isolierten Herrschaftsrechten bestand, wurde zu Beginn des 19. Jahrhunderts durch eine zu rasche »Liberalisierung« zerschlagen, die nur noch das absolute Eigentumsrecht gelten ließ. Dies führte zum Zusammenbruch der bisherigen ländlichen Gesellschaftsordnung und zur Entstehung eines kapitalistischen Großgrundbesitzes bei gleichzeitiger Verarmung der unteren Bevölkerungsschichten.

Unter diesen Voraussetzungen waren die spanischen Landarbeiter*innen und Kleinbäuer*innen für kollektivistische Ideen aufgeschlossen. Sie erschienen ihnen weniger als neue Gesellschaftsform, sondern als Rückgriff auf Altbewährtes. Mit der Zerschlagung der mittelalterlichen Gesellschaftsordnung auf dem Lande wurde zugleich das parlamentarische Regierungssystem eingeführt, das dadurch bei den unteren Bevölkerungsschichten gründlich diskreditiert war. Hinzu kamen eine völlig verfehlte Polizeipolitik, förderalistische und separatistische Tendenzen in den Randprovinzen und die ultrakonservative Einstellung der katholischen Kirche.

Unter diesen Voraussetzungen genügte es, dass Giuseppe Fanelli im Auftrage Bakunins im Jahre 1868 nach Barcelona kam, um innerhalb kurzer Zeit eine große anarchistische Bewegung ins Leben zu rufen. [207] Sie wuchs schon bald zur größten Gruppe innerhalb der europäischen Anarchist*innen und bis zum Vorabend des Bürgerkrieges zur stärksten Kraft der spanischen Linken heran; insbesondere die größte Gewerkschaft CNT wurde von Anarchist*innen und Syndikalist*innen beherrscht.

Während der Revolution und des Bürgerkrieges konnten die spanischen Anarchist*innen in zahlreichen Dörfern Gemeinwesen nach ihren Vorstellungen errichten. Die andalusischen Kollektive – eigentlich Schwerpunkt der agrarischen Anarchist*innen – fielen allerdings schon nach wenigen Monaten Francos Offensive zum Opfer. Im Norden dagegen umfassten die ca. 1200 ländlichen

Kollektive in den Jahren 1936 bis 1937 etwa eine Million Menschen – und das, obwohl der Widerstand der kleinen Grundbesitzer gegen eine Kollektivierung ein ernsthaftes Problem der anarchistischen Politik darstellte. Auch viele Fabriken wurden von anarchistischen Arbeiter*innenräten übernommen, insbesondere in Barcelona, von wo aus Anarchist*innen und Syndikalist*innen praktisch ganz Katalonien beherrschten.

Dies brachte sie in eine weitere Schwierigkeit: Die Revolution war nicht im ganzen Land erfolgreich verlaufen; die Anarchist*innen sahen sich gezwungen, entweder die republikanische Regierung zu stützen, mit anderen Parteien zu koalieren, d.h. alle ihre Prinzipien aufzugeben oder Gefahr zu laufen, von Francos Truppen überrannt zu werden.

Die Anarchist*innen versuchten zuerst, ihre Aktivität auf die Gewerkschaften zu beschränken, die z.B. in Barcelona einen Ausschuss einsetzten, der die verbliebene republikanische Regierung kontrollierte. Ihr Zugeständnis bestand nun darin, dass sie sich entschlossen, eigene Truppen unter Durruti aufzustellen. Später kaschierten sie ihren Eintritt in die katalonische Provinzialregierung dadurch, dass sie diese in »Verwaltungsrat« umtauften. Der Widerspruch, der zwischen ihren anarchistischen Gesinnungen und den Regierungsämtern bestand, war ihnen durchaus bewusst. Er paralysierte aber trotz aller Überbrückungsversuche die Solidarität der Anarchist*innen, von denen viele ebenso gerne gegen die eigenen Bündnispartner wie gegen Franco gekämpft hätten. Diese Lähmung der Anarchist*innen ist vor allen anderen Gründen das Erstarken der Kommunist*innen gegen Ende des Bürgerkrieges zuzuschreiben. Trotz des nachlassenden Einflusses kämpften anarchistische Verbände bis zum Schluss, viele flohen ins Exil, während andere in die Gefängnisse wanderten.

6.3 Deutscher Anarchismus

Im Gegensatz zu den romanischen Ländern bot sich dem Anarchismus in Deutschland zunächst kaum eine Chance.[208] Hier war es den Anarchist*innen nicht gelungen, wesentlichen Einfluss auf die Industriearbeiter*innen und ihre Gewerkschaften zu gewinnen; auf dem Lande besaßen sie überhaupt keine Anhänger.[209] Der deutsche Anarchismus beschränkte sich vielmehr auf kleine, von den sozialdemokratischen und kommunistischen Organisationen abgesplitterte Arbeiter*innengruppen. Dagegen besaß er unter den Intellektuellen und Künstler*innen Ende des 19. Jahrhunderts eine zahlenmäßig große Anhängerschaft. [210]

Im Unterschied zu den Anarchist*innen der romanischen Länder tendierten die deutschen Anarchist*innen eher zu individualistischen, weniger zu kollektivistischen Vorstellungen. Dass die deutschen Anarchist*innen in der Revolution von 1918 neben den zahlenmäßig weit überlegenen Sozialdemokrat*innen und Kommunist*innen eine bedeutende Rolle spielen konnten, dürfte vor allem an ihrem intellektuellen Potential gelegen haben.

Gustav Landauer war die dominierende und zugleich typische Gestalt unter den deutschen Anarchist*innen, sein »Aufruf zum Sozialismus« [211] erschien als die aktuelle Alternative zur bestehenden Gesellschaftsordnung. Als Herausgeber der Zeitschrift »Der Sozialist« und als Autor zahlreicher belletristischer, literaturtheoretischer und politischer Veröffentlichungen wurde er eine wichtige Persönlichkeit in der kulturellen Landschaft Deutschlands des ausgehenden 19. Jahrhunderts.

Der von ihm gegründete »Sozialistische Bund« hatte das Ziel, unter den gegenwärtigen kapitalistischen Verhältnissen eine alternative freiheitlich sozialistische Lebensform zu entwickeln; mensch konnte dieses Konzept als anarchistische Variante der Jugendbewegung betrachten. [212]

Nach Ende des 1. Weltkrieges forderte Kurt Eisner, Ministerpräsident der revolutionären bayrischen Staatsregierung, Landauer auf, in die Regierung einzutreten. Zunächst als Minister ohne Geschäftsbereich, später – zur Zeit der Räte-Regierung – als Volksbeauftragter für Volksaufklärung, versuchte Landauer, im Kampf gegen die kommunistischen Koalitionspartner einerseits und die sozialdemokratische Reichsregierung andererseits, sein Konzept einer Räte-Demokratie zu verwirklichen. Im April 1919 schalteten die Kommunist*innen durch einen Putsch alle anders denkenden Regierungsmitglieder aus, kurz danach zerschlug die Reichswehr die bayrische Räte-Republik. Der verhaftete Landauer wurde von Soldat*innen erschlagen. Damit war das kurze Münchener Zwischenspiel, das einige anarchistische Ansätze hatte, zu Ende.

In den weiteren Jahren der Zwischenkriegszeit war der Anarchismus in Deutschland zur völligen Bedeutungslosigkeit herabgesunken. Als 1933 die Nationalsozialist*innen die Macht übernahmen, wurden Anarchist*innen gnadenlos verfolgt, in Konzentrationslager gebracht oder gleich ermordet.

Erst nach der Gründung der Bundesrepublik Deutschland wuchs die Bedeutung des Anarchismus innerhalb der revolutionären Linken.[213]

Wenn mensch in der 1960er Jahren von einer »Renaissance des Anarchismus« gesprochen hat, so bezog sich dies nicht auf die anarchistische Bewegung selbst, sondern ausschließlich auf die Widerbelebung anarchistischer Ideen und Verhaltensweisen innerhalb der so genannten Neuen Linken in der BRD.[214]

Die Untersuchung von Maitron [215] ergab, dass es den Anarchist*innen nicht gelang, aus dem Interesse von Teilen der Neuen Linken an anarchistischen Ideen irgendeinen Vorteil im Sinne einer Erweiterung ihres Einflusses oder ihrer Bewegung zu ziehen.

Peter Heintz hat in seiner Untersuchung »Anarchismus und Gegenwart« auf eine »anarchistische Revolte« aufmerksam gemacht, die sich im Stillen vollziehe.[216] Er meinte damit jene vor allem im Bereich der Kunst, Kultur, Erziehung und Sozialwissenschaften formulierte Kritik an hierarchischen Ordnungen und verfestigten Institutionen, die letztlich zur Emanzipation des Einzelnen führe, der dann seinerseits ein neues Verhalten gegenüber menschlicher Autorität an den Tag lege.

Von der Tendenz der Infragestellung der Autorität des Rechts und die Proteste gegen die Zwangsmaßnahmen von Institutionen, die weniger als anarchistisch im Sinne der herrschaftsfreien Gesellschaft denn als antiautoritär im Sinne der Auflehnung gegen die häufig als unbegründet empfundene Einmischung zentraler Institutionen in das Leben des Individuums zu verstehen ist, führte eine direkte Linie zu jener vorwiegend von der jüngeren Generation getragenen Bewegung der Neuen Linken.

Erst als die Student*innenbewegung in (West)-Berlin im Jahre 1966 konkrete Formen annahm, d.h. sich mittels der militanten direkten Aktionen gegen die von Bürokratisierung und Konformität geprägte Industriegesellschaft westlichen und östlichen Typs wandte, fanden sich die Anhänger*innen dieser Bewegung in einer Position wieder, die viele Gemeinsamkeiten mit dem klassischen Standpunkt der Anarchist*innen aufwies. Erst jetzt begann mensch sich für anarchistische Ideen und Selbstverwaltungsmodelle zu interessieren.

Bei dem Versuch, den ihrer Meinung nach überall zu beobachteten Teufelskreis von Manipulation der Erziehung, Erstarrung der politischen Verhältnisse, Rüstungswettlauf und Ausbeutung der so genannten Dritten Welt durch die Verneinung jeder institutionellen Autorität zu durchbrechen, haben sich die Theoretiker*innen der Neuen Linken existentialistischer, neomarxistischer, rätekommunistischer, syndikalistischer und auch anarchistischer Argumente und Methoden bedient.[217]

Wesentlich deutlicher als im Bereich der Argumente war die Übereinstimmung zwischen dem traditionellen Anarchismus und der Neuen Linken im Bereich der Methoden. Einem revolutionären Voluntarismus Bakunin'scher Prägung entsprach die weit verbreitete Neigung zur Militanz. Ebenso wie schon Bakunin erwarteten Theoretiker der Neuen Linken wie etwa Herbert Marcuse und Frantz Fanon den Anstoß zur Revolution nicht vom Proletariat der Industriestaaten, sondern vom »emanzipierten Individuum« bzw. dem nicht integrierten »Substrat der Geächteten und Außenseitern« (Marcuse), das sich seinerseits mit den vorwiegend bäuerlichen Massen der so genannten Dritten Welt (bei Bakunin waren es die bäuerliche Bevölkerung in den Ländern der Peripherie Europas – Spanien, Italien, Russland) verbünden sollte.[218]

Es ist unter diesen Umständen nahe liegend, dass von allen anarchistischen Theoretikern Bakunins seitens der Neuen Linken das größte Interesse entgegengebracht worden ist.[219]

Während in den 1960er Jahre unter den Anhänger*innen der Neuen Linken verschiedene Grundzüge der traditionellen anarchistischen Utopie, besonders die Vorstellung von der universalen Vereinfachung des Lebens, die in der Verurteilung der gesamten modernen Industriegesellschaft mündete, sowie ein an Bakunin erinnernder revolutionärer Romantizismus zu neuem Leben erweckt wurden, gab es unter den Anarchist*innen bereits Gruppen, die auf die anarchistische Utopie und militante Methoden verzichteten, um mit der Verwirklichung ihrer Ideen innerhalb der bestehenden kapitalistischen Gesellschaft zu beginnen. Dieser »pragmatische Anarchismus« ging von der auf Kropotkin[220] zurückgehenden Einsicht aus, dass eine über Nacht erfolgreiche Revolution niemals die Anarchie, meist aber eine Diktatur hervorgebracht habe.[221]

Im Jahre 1958 zogen die Herausgeber*innen der anarchistischen Zeitung »Freedom« daraus den Schluss, der Anarchismus des 20. Jahrhunderts müsse anerkennen, dass »der Konflikt zwischen Autorität und Freiheit einen permanenten Aspekt der menschlichen Existenz darstellt und nicht durch eine vage beschriebene soziale Revolution gelöst werden kann.«[222]

Ziel dieser Form von Anarchismus war es, die Gesellschaft zu verändern und nicht einfach aus ihr herauszutreten. Diese Veränderung wurde durch den »permanenten Protest« gegen bestimmte Formen der »autoritären« Gesellschaft angestrebt. Dieser »permanente Protest« galt seinen Anhänger*innen jedoch nur dann als erfolgsversprechend, wenn er nicht im Namen einer fernen Utopie vor sich geht, sondern von der Entwicklung praktischer Lösungsvorschläge für konkrete Probleme der Industriegesellschaft begleitet wird.

6. Schlussbemerkung

Als anarchistisch bezeichnet mensch Bestrebungen, die durch Abschaffung jeglicher Macht, mit oder ohne Gewalt, auf eine Gesellschaft ohne Zwang und Herrschaft gerichtet sind.

Angeregt durch seinen Mentor Stankjewitsch setzte sich Bakunin mit der Philosophie Fichtes auseinander, besonders mit den »Anweisungen zum seligen Leben«. In den Werken Bakunins hat sich der Einfluss von Fichtes Freiheitsidee niemals vollständig verloren.

Die Aneignung der Hegel'schen Philosophie Anfang 1837 vollzog sich für Bakunin gleich der Aufnahme einer neuen Offenbarung. Im Jahre 1838 veröffentlichte er seine Übersetzungen von Hegels Gymnasialreden im »Moskauer Beobachter«. Im Herbst 1841 machte Bakunin, der inzwischen an der Universität in Berlin studierte, die Bekanntschaft mit dem Linkshegelianer Arnold Ruge, was ihm neue philosophische Horizonte eröffnete. Ein Jahr später publizierte er in Ruges »Deutschen Jahrbüchern« unter einem Pseudonym das Werk »Die Reaktion in Deutschland« (1842), in dem er Hegel als den größten Philosophen der Gegenwart bezeichnete. In der Schrift analysierte Bakunin die damalige gesellschaftlich-politische Konstellation anhand Hegel'schen Begriffsschemata.

Die Entwicklung von Bakunins Denken lässt sich in vier Phasen einteilen. Die protoidealistische Phase dauerte von 1833 bis 1836, in der Bakunin von der Lektüre Kants und Fichte beeinflusst wurde. Danach folgte die hegelianische Phase von 1837 bis 1840, wo Bakunin zum konservativen Hegelianer wurde. In der posthegelianischen Phase von 1840-1849 wandelte sich Bakunins Konservatismus zum Anarchismus. In der radikalistisch-antimetaphysischen Phase (1849-1872) bekannte sich Bakunin zum Materialismus und Atheismus.

In der Schrift »Die Reaktion in Deutschland« (1842) wurde nicht nur die Vorbereitung des späteren Bakunin'schen Denken gesehen, sondern ein selbständiges anarchistisches System. Bakunins Frühsystem war ein Glaube, der mit Leidenschaft zur Tat, zur Revolution drängte. Es unterschied sich von Bakunins Spätsystem durch die besondere Ausprägung des idealistischen Denkens.

Bakunins Spätsystem strebte politisch die Beseitigung aller Formen von Herrschaft an. Seine politischen Ziele und Methoden waren eng verknüpft mit seinen philosophischen Gedankengängen. In seiner Philosophie ließen sich vier Richtungen der Spekulation feststellen: eine antiautoritäre, eine materialistische, eine revolutionär-metaphysische und eine aktivistische.

Diese bildeten ein philosophisches System, das in sich nicht widerspruchsfrei war, aber dennoch einen gewissen Zusammenhang erkennen ließ.

Das Fortleben Bakunin'scher Ideen lässt sich vor allem in Russland, Spanien und Deutschland diagnostizieren.

Erst nach der fehlgeschlagenen Revolution 1905 erstarkte der russische Anarchismus zu einer Massenbewegung. Es existierten drei unterschiedliche Richtungen: der Anarchismus nationaler Minderheiten, der Anarchismus der Industriearbeiter*innen sowie der der bäuerlichen Anarchist*innen. Anarchistische Partisaneneinheiten unter Nestor Machno kontrollierten in der heutigen Ukraine zwischen 1928 und 1931 ein Gebiet von sieben Millionen Einwohner*innen.

In Spanien konnten die Anarchist*innen während des Bürgerkrieges 1936-1939 vorübergehend an der politischen Macht teilhaben. Sie konnten in zahlreichen Dörfern Gemeinwesen nach ihren Vorstellungen errichten.

Der deutsche Anarchismus beschränke sich im 19. Jahrhundert und Anfang des 20. Jahrhunderts – abgesehen von dem Wirken Landauers—auf unbedeutende, von sozialdemokratischen und kommunistischen Organisationen abgesplitterte Arbeitsgruppen. Erst in der Bundesrepublik Deutschland wurden anarchistische Gedanken in den 1960er Jahren innerhalb der revolutionären Linken wieder belebt.

8. Literaturverzeichnis

Avrich, P.: The Legacy of Bakunin, in: The Russian Review, Jg. XXIX (1970), Heft 2, S. 129-142

Arvon, H.: Bakounine et la gauche hegelienne, in: Catteau, J. (Hrsg.): Bakounine. Combats et débats, Paris 1979

Bathier, R.: Bakounine politique. Révolution et Contrerévolution en Europe centrale, Paris 1991

Beer, R. (Hrsg.): Philosophie der Tat, Köln 1968

Beer, R. (Hrsg.): Michael Bakunin. Frühschriften, Köln 1973

Bienek, H.: Bakunin, München 1970

Brupbacher, F.: Marx und Bakunin, Berlin 1922

Brupbacher, F.: Michael Bakunin. Der Satan der Revolte, Zürich 1929

Carr, E.H.: Michael Bakunin, London 1975

Cattepoel, J.: Der Anarchismus, München 1979

Contino, M. (Hrsg.): Violence dans la violence. Le débat Bakounine-Necaev, Paris 1973

Dahm, H.: Grundzüge russischen Denkens, München 1979

Dierse, U.: Anarchie, Anarchismus, in: Historisches Wörterbuch der Philosophie, Bd.1, Darmstadt 1971, S. 267-294

Dyziur, E.: The doctrine of anarchism of Michael A. Bakunin, Milwaukee 1955

Eckhardt, W. (Hrsg.): Michael Bakunin. Die revolutionäre Frage. Förderalismus – Sozialismus – Antitheologismus, Münster 2000

Fanon, F.: Die Verdammten dieser Erde, Frankfurt/M. 1966

Frei, B.: Die anarchistische Utopie, Frankfurt/M. 1971

Goerdt, W.: Russische Philosophie, München 1984

Heintz, P.: Anarchismus und Gegenwart, Zürich 1951

Huch, R.: Michael Bakunin und die Anarchie, Frankfurt/M. 1972

Jew, B.: Philosophie russe, in: Balaval, R. (Hrsg.): Histoire de la philosophie III, Encyclopédie de la pléiade, Paris 1974

Joll, J.: The anarchists, London 1964

Kaltenbrunner, J.: Das Lustprinzip Revolution. Michael Bakunin und der Anarchismus, in: Wort und Wahrheit 25 (1970), S. 250-258

Kalz, W.: Gustav Landauer. Kultursozialist und Anarchist, Meisenberg/Glan 1967

Kersten, K.: Bakunins Beichte, Frankfurt/M. 1973

Kiesel, H. (Hrsg.): Michael Bakunin. Staatlichkeit und Anarchie, Berlin 1972

Kohm, H.: Pan-slavism, it's history and ideology, Indiana 1959

Krämer-Bodoni, R.: Anarchismus. Geschichte und Gegenwart einer Utopie, Wien 1973

Landauer, G.: Aufruf zum Sozialismus (1911), Frankfurt/M./Wien 1967

Laqueur, W.: Terrorismus, Kronberg/Taunus 1977

Lehning, A./Rüter, A.J.C./Scheibert, P.: Bakunin-Archiv, Leiden 1963ff: Bd.1: Michael Bakounine e l'Italie 1871-1872, Teil 1, hrsg. von A. Lehning, Leiden

1961, Michael Bakounine et l'Italie 1871-1918, Teil 2, hrsg. von A. Lehning, Leiden 1963, Bd.2: Michael Bakounine et les conflits dans l'Internationale (1872), hrsg. von A. Lehning, Leiden 1965, Bd.3: Michael Bakounine Etatisme et Anarchie (1873), hrsg. von A. Lehning, Leiden 1967, Bd.4: Michael Bakounine et les relations avec Sergey Necaev 1870 bis 1872, hrsg. von A. Lehning, Leiden 1971, Bd.5: Michael Bakounine et ses relations slaves 1870-1875, hrsg. von A. Lehning, Leiden 1974

Lenin-Werke, Bd.5, Berlin 1969

Lenk, K.: Theorien der Revolution, München 1979

Leval, G.: La pensée constructive de Bakounine, Bd.1, Paris 1979

Liebknecht, K.: Briefe aus dem Felde, aus der Untersuchungshaft und aus dem Zuchthaus, Berlin 1920

Maitron, J.: La pensée anarchiste traditionelle et la révolte des jeunes, Paris 1969

Maksimov, P.: The political philosophy of Bakunin, London 1953

Marcuse, H.: Der eindimensionale Mensch, 2. Auflage, Neuwied/Berlin 1967

Masters, A.: Bakunin – The father of Anarchism, London 1974

Nettlau, M.: The life of Michael Bakunin, 3.Bde, London 1856-1900

Nettlau, M.: Michael Bakunin, eine biographische Skizze, Berlin 1901

Nettlau, M.: Unser Bakunin, Berlin 1926

Nollau, G.: Der Anarchismus, in: Aus Politik und Zeitgeschichte, 1967, Heft 47, S. 3-16

Oberländer, E. (Hrsg.): Der Anarchismus, Olten 1972

Perov, P.: Problemy filosofii XX veka (Probleme der Philosophie des 20. Jahrhunderts), Paris 1970

Projektgruppe autonomes Jugendzentrum Osnabrück (Hrsg.): M. Bakunin. Freiheitlicher Sozialismus oder Marxismus?, 3. Aufsätze, Osnabrück 1969

Ramm, F. (Hrsg.): Proudhon. Ausgewählte Texte, Stuttgart 1963

Rammstedt, O.: Anarchismus, Köln/Opladen 1969

Revolutionsbräuhof (Hrsg.): Was ist eigentlich Anarchie? Eine Einführung in den Anarchismus, Wien 1995

Rholfs, E./Nettlau, M.: Bakunin. Gesammelte Werke, 2. Bde, Berlin 1921-1924

Saltman, R.G.: The social and political thought of Michail Bakunin, Westport 1989

Scheibert, P.: Von Bakunin zu Lenin, Leiden 1956

Schneider, L./Bachem, P. (Hrsg.): Michael Bakunin. Philosophie der Tat, Köln 1968

Schiemann, T. (Hrsg.): Social-politischer Briefwechsel mit A. Herzen und Ogarjow, Stuttgart 1935

Scipanov, I. J. (Hrsg.): Aus der Geschichte der russischen Philosophie des 18.-19. Jahrhunderts, Moskau 1959

Sobel, L.: Political Terrorism, New York 1975

Sonn, R.D.: Anarchism, New York 1992

Steklov, G.: Michael Bakunin. Ein Lebensbild, Stuttgart 1913

Steklov, G.: Die bakunistische Internationale nach dem Haager Kongress, Stuttgart 1914

Stökl, G.: Russische Geschichte, Stuttgart 1997

Stuke, H. (Hrsg.): Michael Bakunin. Staatlichkeit und Anarchie und andere Schriften, Frankfurt/M./Berlin/Wien 1972
Thamos, P.: Karl Marx and the anarchists, London 1980
Von Weiss, A.: Die Neue Linke. Kritische Analyse, Boppard 1969
Walter, N.: Conversations about anarchism, in: Anarchy 85, März 1968, S. 65-75
Wittkop, J.F.: Bakunin, Reinbek bei Hamburg 1994
Wittkop, J.F.: Unter der schwarzen Fahne. Aktionen und Gestalten des Anarchismus, Frankfurt/M. 1973
Woodcock, G.: Anarchism, Cleveland/New York 1971

9. Grundzüge der Bakunin'schen Vita[223]

1814 18.Mai: Michail Alexandrowitsch Bakunin in Prjamuchino/ Russland geboren. Michails Vater, Alexander Bakunin, gehörte zu den fünftausend größten Grundbesitzern des russischen Reiches. Während die Beziehung zu seinem Vater harmonisch war, weckten die despotischen Charakterzüge der Mutter schon im Kindesalter seinen unbedingten Freiheitsdrang.

1825 Dekabrist*innenaufstand: Nach dem Tod Alexanders I im Dezember 1825 in Petersburg scheiterte ein Militärputsch gegen die Herrschaft des Zaren, dem 1826 ein ebenfalls vergeblicher Aufstandsversuch in Südrussland folgte. Die Debrakist*innen waren mit liberalen Ideen erfüllte Adelige, meist jüngere Gardeoffiziere, die seit 1822 in zwei Geheimbünden vereinigt waren.

1828 Mit vierzehn Jahren schickte sein Vater Bakunin auf der Artillerieschule in St. Petersburg, damit er einen Beruf erlernen sollte, der ihm den Lebensunterhalt garantierte. Der dortige Drill wurde Bakunin zur Qual. Mit achtzehn Jahren wurde er zum Offizier ernannt. Nach einer Strafversetzung in eine kleine litauische Garnison erwachte sein Interesse an literarischer Bildung. Bakunin quittierte den Dienst.

1840-1840 Besuch der Universität Moskau, die Fächer seiner Immatrikulation sind nicht bekannt.

1836 Übersetzung vier der fünf »Vorlesungen über die Bestimmung des Gelehrten« von Fichte, Veröffentlichung in der Zeitschrift »Teleskop«

1842-1842 Wechsel an die Universität Berlin

1842 Aufenthalt in Dresden. Bekanntschaft mit Georg Herwegh und dem Linkshegelianer Arnold Ruge. Herausgabe des Werkes »Die Reaktion in Deutschland«

1842/1843 Gegen Ende des Jahres 1842 reiste er zusammen mit Herwegh in die Schweiz, zumal Ruges »Deutsche Jahrbücher« unter anderem auch wegen Bakunins Artikel verboten worden waren. In der Schweiz machte er die Bekanntschaft mit Wilhelm Weitling

1844 Reise über Brüssel nach Paris. Bekanntschaft mit Proudhon und Marx. Er verweigert die Rückkehr nach Russland

1845 In Abwesenheit in Russland zu Verbannung und Adelsverlust verurteilt

1847 Seit der Aufstand von Krakau 1846 niedergeschlagen worden war, suchte Bakunin engeren Kontakt mit emigrierten Pol*innen. Er wurde zu einer Veranstaltung zum Jubiläum des Polen-Aufstandes von 1831 eingeladen (Polen-Rede in Paris). Darin rief er die Pol*innen zu einem Bündnis mit den russischen Regimegegner*innen auf. Durch einen gemeinsamen Aufstand sollte der Sturz der Despotie und die Förderation aller slawischen Völker erreicht werden. Im Anschluss an diese Rede folgte die Ausweisung Bakunins aus Frankreich. In Brüssel Verbindungen mit emigrierten Polen

1848 Bei Ausbruch der Februar-Revolution Rückkehr nach Paris, dann Reise durch Deutschland nach Berlin und dem ehemaligen Breslau. Teilnahme am Slawenkongress in Prag (2-12.6). Weiterhin waren tschechische, mährische, polnische, kroatische und serbische Vertreter*innen anwesend. Bakunin wollte der Veranstaltung einen panslawischen Charakter geben. Er brachte eine Resolution ein, in der eine demokratische Konförderation aller Slaw*innen gefordert wurde. Sein Versuch, die Slaw*innen zur Solidarität mit den deutschen und ungarischen Revolutionär*innen zu überreden, scheiterte. Prager Aufstand, Flucht nach Berlin; dort ausgewiesen. Zuflucht in Köthen (Anhalt) und Agitation in Böhmen

1849-1850 Am 30.04.1849 löste der König von Sachsen das Parlament auf und weigerte sich, die in Frankfurt beschlossene Reichsverfassung anzuerkennen Als das Volk in Dresden das Zeughaus stürmen wollte, eröffneten Soldaten das Feuer. Es kam zu Straßenkämpfen, der König flüchtete aus der Stadt. Bakunin arbeitete mit der provisorischen Regierung zusammen, als preußische Truppen die Stadt belagerten Es gelang ihm zusammen mit 1800 Kämpfer*innen, aus der Stadt zu flüchten. Gefangennahme in Chemnitz. Verurteilung zu Kerkerhaft in Dresden und der Festung Königstein. Verurteilung zum Tode, Auslieferung an Österreich

1850-1851 Kerkerhaft in Prag und Olmütz. Verurteilung zum Tode, Auslieferung an Russland

1851 Haft in der Peter-Pauls-Festung. Entstehung des Werkes: »Beichte an den Zaren«, in der er bei vorgeblicher Reue sich positiv über die Pariser Revolution äußerte.

1853 Überführung nach der Festung Schlüsselburg

1857 Deportation nach Sibirien

1858 In Tomsk, wo er sich ein kleines Haus kaufte und zwei Jahre lebte, lernte er die Polin Antonia Kwiatkowska kennen und heiratete sie. Sie teilte Bakunins Gedanken und sah sich als polnische Patriotin.

1861 Flucht über Japan und Nordamerika nach London

1862 In London Zusammenarbeit mit A. Herzen und Nikolay Ogajew im russischen Oppositionsblatt »Kolokol« (»Die Glocke«). Die Zeitschrift richtete sich vor allem gegen die sozialen Verhältnisse im zaristischen Russland. Sie wurde trotz Verbots über die russische Grenze geschmuggelt und prägte damit lange Zeit die öffentliche Meinung im Zarenreich. Bakunin verfasste Mitte Februar die Broschüre »An meine russischen und polnischen Freunde«, in der er die Gedanken seiner Polen-Rede aus dem Jahre 1847 wieder aufgriff. Im Sommer schrieb er zwei weitere Artikel. Es findet sich darin die Aufforderung »ins Volk zu gehen«, nicht um es zu belehren, sondern um ihm den Weg in die Freiheit zu bahnen.

1863 Als er vom Aufstand gegen Russland informiert wurde, schiffte sich Bakunin mit hundert polnischen Freiwilligen auf einem eigens geheuerten Boot ein, um den Pol*innen beizustehen. Jedoch weigerte sich der Kapitän aus Furcht vor der russischen Flotte in der Ostsee weiterzufahren. Er brachte die Expedition lediglich bis nach Kopenhagen, von wo Bakunin mit dänischer Mannschaft nach Malmö/Schweden weiterfuhr. Seine Pläne scheiterten also.

1864 Ende Januar 1864 siedelte er nach Florenz über. Hier gründete er eine Geheimgesellschaft, die »Allianz der sozialen Demokratie« oder auch »Internationale Bruderschaft«, die sich sowohl aus radikalen Italiener*innen als auch aus anderen Nationalitäten zusammensetzte Die Geheimgesellschaft zerfiel jedoch bald wieder. Letzte Begegnung mit Marx in London, Treffen mit Proudhon in Paris

1865 Übersiedlung nach Sorrent und Neapel. In Neapel machte er sich von neuem an den Aufbau einer »Allianz«, die ein Vorläufer der später von ihm gegründeten »Internationalen Allianz der revolutionären Sozialisten« war. Ziel der »Allianz« waren der Atheismus, die Negierung jeder Autorität und jeder Machtausübung, die Unterdrückung des juristischen Rechts und die Abschaffung des »Bourgeois-Geistes«.

1867 Genfer Friedenskongress. Umzug in die Schweiz, Selbstbezeichnung Bakunins in der Zeitschrift »Libertá et Giustizia« als »Anarchist«

1868 Beitritt zur »Internationalen Arbeiter-Assoziation«. Kongress der Friedensliga in Bern. Austritt aus der Liga. Gründung der »Allianz«. Verbindung mit der Jura-Sektion. Begegnung mit Netschajew in Genf

1869 Baseler Kongress der Internationale. Bakunin siedelt nach Locarno über. Zusammenarbeit mit Netschajew. Entstehung des Werkes »Worte an meine jungen Brüder in Russland«. Netschajew kehrt nach Russland zurück. Affäre Iwanow

1870 Netschajew befindet sich wieder in der Schweiz. Bakunin bricht Arbeit an Übersetzung des »Kapital« ab. Teilnahme am Aufstand in Lyon. Flucht nach Marseille. Vollendung der Schrift »L'Empire knouto-germanique et la révolution sociale«. Rückkehr nach Locarno

1871 Während der Pariser Commune Aufenthalt im Schweizer Jura. Intensivierung der Beziehungen nach Italien und Spanien

1872 Haager Kongress der Internationale. Ausschluss Bakunins, Bruch mit Marx. Bekanntschaft mit dem Marchese Carlo Cafiero, Fertigstellung des Werkes »Staatlichkeit und Anarchie«, Kontakt mit russischen Student*innen in Zürich

1873 Demission im Jura-Bund

1874 Teilnahme am gescheiterten Aufstandversuch in Bologna. Bruch mit Cafiero, Umzug nach Locarno

1876 1. Juli: Tod in Bern

Anmerkungen

[1] Zitiert aus Wittkop, J.F.: Michail A. Bakunin, Reinbek bei Hamburg 1994, S. 138

[2] Ebd.

[3] Ebd. S. 139

[4] Ebd.

[5] Ebd. S. 7

[6] www. bakunin.de/Biographie, am 09.01.2008 zuletzt eingesehen

[7] Lösche, P.: Anarchismus, Darmstadt 1977, S. 88

[8] Z. B. bei Brupbacher, F.: Marx und Bakunin, Berlin 1922

[9] Zu Bakunins panslawistischen Lebensabschnitt vgl. Kohn, H.: Panslawism, ist history and ideology, Indiana 1953

[10] Lösche, Anarchismus, a.a.O., S. 89

[11] Nettlau, M.: The life of Michael Bakunin, 3. Bde, London 1896-1900

[12] Nettlau, M.: Michael Bakunin, eine biographische Skizze, Berlin 1901

[13] Wiederaufgelegt worden ist auch: Nettlau, M.: Unser Bakunin, Berlin 1926

[14] Steklow, G.: M.A. Bakunin. Leben und Tätigkeit 1819-1876, 4. Bde, Moskau 1926/1927

[15] Zwei Vorarbeiten zu dieser Biographie sind erschienen: Steklow, G.: Michael Bakunin. Ein Lebensbild, Stuttgart 1913 und Ders.: Die bakunistische Internationale nach dem Haager Kongress, Stuttgart 1914

[16] Carr, E.H.: Michael Bakunin, New York 1937

[17] Joll, J.: The anarchists, New York 1971

[18] Dyziur, E.: The doctrine of anarchism of Michael A. Bakunin, Chicago 1968

[19] Huch, R.: Michael Bakunin und die Anarchie, Frankfurt/M. 1972

[20] Bienek, H.: Bakunin, München 1972

[21] Lenk, K.: Theorien der Revolution, München 1973

[22] Liebknecht, K.: Briefe aus dem Felde, aus der Untersuchungshaft und aus dem Zuchthaus, Berlin 1920, S. 110

[23] Mehring, F.: Karl Marx. Geschichte seines Lebens, Leipzig 1918, S. 411 ff

[24] Bakunin-Archiv. Hrsg. im Auftrag des Internationalen Instituts für Sozialgeschichte Amsterdam von Lehning, A., Rüter, A. J. C., Scheibert, P., Leiden 1968ff, Bd. 1: Michael Bakounine et l'Italie 1871-1872, Teil 1, hrsg. von A. Lehning, Leiden 1961, Michael Bakounine et l'Italie 1871-1918, Teil 2, hrsg. von A. Lehning, Leiden 1963, Bd. 2: Michael Bakounine et les conflicts dans l'Internationale (1872), hrsg. von A. Lehning, Leiden 1965, Bd. 3: Michael Bakounine Etatisme et Anarchie (1873), hrsg. von A. Lehning, Leiden 1967, Bd. 4: Michael Bakounine et ses relations avec Sergey Necaev 1870-1872, hrsg. von A. Lehning, Leiden 1971, Bd. 5: Michael Bakounine et la relation slaves 1870-1875, hrsg. von A. Lehning, Leiden 1974

[25] Stuke, H. (Hrsg.): Michael Bakunin. Staatlichkeit und Anarchie und andere Schrifen, Frankfurt/M./Berlin/Wien 1972

[26] Viesel, H. (Hrsg.): Michael Bakunin. Staatlichkeit und Anarchie, Berlin 1972

[27] Kersten, K. (Hrsg.): Bakunins Beichte, Frankfurt/M. 1973

[28] Contino, M. (Hrsg.): Violence dans la violence: Le débat Bakounine-Necaev, Paris 1972

[29] Beer, R. (Hrsg.): Michael Bakunin. Frühschriften, Köln 1973

[30] Ders. (Hrsg.): Michael Bakunin. Philosophie der Tat, Köln 1968

[31] Z. B.: Projektgruppe autonomes Jugendzentrum Osnabrück (Hrsg.): M. Bakunin. Freiheitlicher Sozialismus oder Marxismus?, 3. Aufsätze, Osnabrück 1969; Eckhardt, W. (Hrsg.): Michael Bakunin. Die revolutionäre Frage. Förderalismus – Sozialismus – Antitheologismus, Münster 2000

[32] Cattepoel, J.: Der Anarchismus, München 1979

[33] Wittkop, Bakunin, a.a.O.

[34] Dierse, U.: Anarchie, Anarchismus. Artikel in: Historisches Wörterbuch der Philosophie, Bd.1, Darmstadt 1971, S. 267-294, hier 276

[35] Revolutionsbräuhof (Hrsg.): Was ist eigentlich Anarchie? Eine Einführung in den Anarchismus, Wien 1995, S. 9

[36] Woodcock, G.: Anarchism, Cleveland/New York 1971, S. 13

[37] Joll, The anarchists, a.a.O., S. 57f

[38] Woodcock, Anarchism, a.a.O., S. 38

[39] Rammstedt, O.: Anarchismus, Köln/Opladen 1969, S. 7

[40] Ebd.

[41] Ramm, T. (Hrsg.): Proudhon. Ausgewählte Texte, Stuttgart 1963, S. 104

[42] Frei, B.: Die anarchistische Utopie, Frankfurt/M. 1971, S. 10f

[43] Lenin, Werke, Bd. 5, Berlin 1969, S. 334

[44] Rammstedt, Anarchismus, a.a.O., S. 9

[45] Frei, Anarchistische Utopie, a.a.O., S. 11

[46] Wittkop, Bakunin, a.a.O., S. 13

[47] Carr, Michael Bakunin, a.a.O., S. 20

[48] Dyziur, The doctrine of anarchism of Michael A. Bakunin, a.a.O., S. 22

[49] Wittkop, Bakunin, a.a.O., S. 15

[50] Scheibert, P.: Von Bakunin zu Lenin, Leiden 1956, S. 139

[51] Medicus, F. (Hrsg.): J. G. Fichte. Werke, Bd. 5, S. 79

[52] Scheibert, Von Bakunin zu Lenin, a.a.O., S. 139

[53] Rholfs/Nettlau, Bakunin, Gesammelte Werke, Bd.1, a.a.O., S. 465

[54] A.a.O., S. 467

[55] A.a.O., S. 222

[56] Carr, Michael Bakunin, a.a.O., S. 31

[57] Scheibert, Von Bakunin zu Lenin, a.a.O., S. 142

[58] Rholfs/Nettlau, Bakunin, 1. Bd., S. 257

[59] Scheibert, Von Bakunin zu Lenin, a.a.O., S. 142

[60] Schneider.L./Bachem, P. (Hrsg.): Michael Bakunin. Philosophie der Tat, Köln 1968, S. 14

[61] Scheibert, Von Bakunin zu Lenin, a.a.O., S. 143

[62] Schneider/Bachem, Bakunin, a.a.O., S. 14

[63] Brief an die Schwestern, Anfang Mai 1837, zitiert nach Scheibert, Von Bakunin zu Lenin, a.a.O., S. 144

[64] Saltman, R.G.: The social and political thought of Michael Bakunin, Westport 1989, S. 65

[65] Aufzeichnungen September/Oktober 1837, zitiert nach Scheibert, Von Bakunin zu Lenin, a.a.O., S. 144

[66] Brief an die Schwestern, März 1838, zitiert nach Scheibert, Von Bakunin zu Lenin, a.a.O., S. 145

[67] Zitiert aus: Brupbacher, F.: Michael Bakunin. Der Satan der Revolte, Zürich 1929, S. 54

[68] Wittkop, Bakunin, a.a.O., S. 16

[69] Scheibert, Von Bakunin zu Lenin, a.a.O., S. 147

[70] Zitiert aus a.a.O., S. 149

[71] Schneider/Bachem, Bakunin, a.a.O., S. 14f

[72] Henrich, D.: Der ontologische Gottesbeweis, Tübingen 1960, S. 219ff

[73] Beer, Philosophie der Tat, a.a.O., S. 19

[74] A.a.O., S. 24

[75] A.a.O., S. 301

[76] A.a.O., S. 37

[77] A.a.O., S. 25

[78] Schneider/Bachem, Bakunin, a.a.O., S. 22

[79] Walter, N.: Conversations about anarchism, in: Anarchy 85, März 1968, S. 68

[80] Beer, Philosophie der Tat, a.a.O., S. 18f

[81] Vgl. Jeu, B.: Philosophie russe, in: Balaval, Y. (Hrsg.): Histoire de la philosophie III, Encyclopédie de la pleiade, Paris 1974, S. 8′; Scipanov, I, J. (Hrsg.) : Aus der Geschichte der russischen Philosophie des 18.-19. Jahrhunderts, Moskau 1959, S. 34-36

[82] Cattepoel, Der Anarchismus, a.a.O., S 58ff

[83] Später versuchte Bakunin diese »Beichte« abzuschwächen: Brief an Herzen vom 08.12.1860 aus Irkutsk; Schiemann, T.(Hrsg.): Social-politischer Briefwechsel mit A. Herzen und Ogarjow, Stuttgart 1935, S. 35f

[84] Cattepoel, Der Anarchismus, a.a.O., S. 12f

[85] Beer, Philosophie der Tat, a.a.O., S.61

[86] A.a.O., S. 63

[87] Als reaktionäre Partei sind die Bestrebungen für die Wiederherstellung vorrevolutionärer Verhältnisse für die Periode von der Neuordnung Europas auf dem Wiener Kongress 1814/1815 bis zu der Revolution 1848 gemeint.

[88] A.a.O.

[89] A.a.O., S. 65

[90] A.a.O.

[91] A.a.O.

[92] A.a.O., S. 64

[93] A.a.O., S. 65

[94] A.a.O., S. 66

[95] A.a.O.

[96] A.a.O.

[97] A.a.O.

[98] A.a.O., S. 70
[99] A.a.O., S. 79
[100] A.a.O.
[101] A.a.O., S. 80
[102] A.a.O., S. 82
[103] A.a.O., S. 92
[104] A.a.O., S. 87
[105] A.a.O., S. 77
[106] A.a.O., S. 94f
[107] Ruge, A.: Erinnerungen an Michael Bakunin, in: Schiemann, Social-politischer Briefwechsel mit A. Herzen und Ogarjow, a.a.O., S. 36
[108] Cattepoel, Anarchismus, a.a.O., S. 64f
[109] Beer, Philosophie der Tat, a.a.O., S. 95
[110] Rohlfs/Nettlau, Bakunin, a.a.O.,Bd. 2, S. 34-155
[111] Schiemann, Social-politischer Briefwechsel mit A. Herzen und Ogarjow, a.a.O.
[112] Rohlfs/Nettlau, Bakunin, .a.a.O., Bd.2, S. 8-29
[113] A.a.O., S. 113
[114] Beer, Philosophie der Tat, a.a.O., S. 259
[115] Schiemann, Social-politischer Briefwechsel mit A. Herzen und Ogarjow, a.a.O., S. 263
[116] A.a.O., S. 110
[117] A.a.O., S. 315
[118] A.a.O., S. 349
[119] A.a.O., S. 382
[120] Rohlfs/Nettlau, Bakunin, a.a.O, 2.Bd., S. 27
[121] Teilnahme Bakunins am Slawenkongress in Prag (2-12.6). Weiterhin waren tschechische, mährische, polnische, kroatische und serbische Vertreter*innen anwesend. Bakunin wollte der Veranstaltung einen panslawischen Charakter geben. Er brachte eine Resolution ein, in der eine demokratische Konförderation aller Slaw*innen gefordert wurde. Sein Versuch, die Slaw*innen zur Solidarität mit den deutschen und ungarischen Revolutionär*innen zu überreden, scheiterte. Aus einigen Teilnehmer*innen dieses Kongresses entwickelte sich die oben genannte slawische Sektion.
[122] A.a.O., S. 26
[123] A.a.O., S. 27
[124] A.a.O., S. 19
[125] A.a.O., S. 20
[126] A.a.O., S. 19
[127] A.a.O., S. 20
[128] A.a.O., S. 25
[129] A.a.O., S. 26
[130] Dahm, H.: Grundzüge russischen Denkens, München 1979, S. 114
[131] Rohlfs/Nettlau., Bakunin, a.a.O., B.2, S. 27
[132] Schiemann, Social-politischer Briefwechsel mit A. Herzen und Ogarjow,

a.a.O., S. 345

[133] Rohlfs/Nettlau, Bakunin, a.a.O., Bd.2, S. 10

[134] A.a.O., S. 27

[135] Schiemann, Social-politischer Briefwechsel mit A. Herzen und Ogarjow, a.a.O., S. 125f

[136] Cattepoel, Anarchismus, a.a.O., S. 70

[137] Rohlfs/Nettlau, Bakunin, a.a.O., Bd.2, S. 113

[138] A.a.O., S. 108

[139] A.a.O.

[140] Leval, G.: La penseé contructive de Bakounine, Paris 1976, S. 72

[141] Rholfs/Nettlau, Bakunin, a.a.O., Bd.2, S.109

[142] A.a.O., S. 112

[143] Pfitzner, J.: Bakuninstudien. Quellen und Forschungen auf dem Gebiet der Geschichte, 2. Auflage, Berlin 1977, S. 13

[144] Rholfs/Nettlau, Bakunin, a.a.O., Bd.2, S. 94

[145] A.a.O., S. 97

[146] A.a.O., S. 94

[147] A.a.O., S. 96

[148] A.a.O., S. 104

[149] A.a.O., S. 105

[150] A.a.O., S. 196

[151] A.a.O., S. 186

[152] A.a.O., S. 181

[153] A.a.O., S. 182

[154] A.a.O., S. 181

[155] A.a.O., S. 182

[156] A.a.O., S. 177

[157] A.a.O., S. 178

[158] A.a.O., S. 177

[159] A.a.O., S. 176

[160] A.a.O., S. 189

[161] A.a.O., S. 184

[162] A.a.O., S. 182

[163] A.a.O., S. 186f

[164] Perov,P.: Problemy filosofii XX veria, Paris 1970, S. 15

[165] Lehning, Rüter, Scheibert, Bakunin-Archiv, Bd.2, Michel Bakounine et ses conflicts dans l'Internationale, Leiden 1965

[166] Sonn, R.D.: Anarchism, New York 1992, S. 134

[167] Lenk, Theorien der Revolution, a.a.O., S. 38

[168] Kaltenbrunner, J.: Das Lustprinzip Revolution. Michael Bakunin und der Anarchismus, in: Wort und Wahrheit 25 (1970), S. 254

[169] Schiemann, Social-politischer Briefwechsel mit A. Herzen und Ogarjow, a.a.O., S. 342-364

[170] A.a.O., S. 352

[171] Vgl. dazu auch Stökl, G.: Russische Geschichte, Stuttgart 1997, S. 447
[172] Schiemann, Social-politischer Briefwechsel mit A. Herzen und Ogarjow, a.a.O., S. 352
[173] A.a.O., S. 353
[174] A.a.O., S. 317
[175] A.a.O., S. 322
[176] A.a.O., S. 315
[177] A.a.O., S. 345
[178] A.a.O., S. 333
[179] A.a.O., S. 340
[180] A.a.O., S. 343
[181] A.a.O., S. 348
[182] A.a.O.
[183] A.a.O., S. 350
[184] Schiemann, Social-politischer Briefwechsel mit A. Herzen und Ogarjow, a.a.O., S. 358-364
[185] A.a.O., S. 363
[186] A.a.O., S. 306f
[187] A.a.O., S. 361
[188] A.a.O., S. 179f
[189] Rholfs/Nettlau, Bakunin, Bd.2, a.a.O., S. 99
[190] Schiemann, Social-politischer Briefwechsel mit A. Herzen und Ogarjow, a.a.O., S. 361
[191] Sobel, L.: Political terrorism, New York 1975, S. 147f
[192] Schiemann, Social-politischer Briefwechsel mit A. Herzen und Ogarjow, a.a.O., S. 272
[193] A.a.O., S. 362
[194] A.a.O., S. 174
[195] Rholfs/Nettlau, Bakunin,a.a.O., Bd.2, S. 35
[196] Scheimann, Social-politischer Briefwechsel mit A. Herzen und Ogarjow, a.a.O., S. 272
[197] Barthier, R.: Bakounine politique, Révolution et Contrerévolution Europe centrale, Paris 1991, S. 51
[198] Cattepoel, Anarchismus, a.a.O., S. 121
[199] Kramer-Bodoni, R.: Anarchismus. Geschichte und Gegenwart einer Utopie, Wien 1910, S. 68
[200] van Dooren, W.: Bakunin zur Einführung, Hamburg 1985, S. 18
[201] Laqueur, W.: Terrorismus, Kronberg/Taunus 1927, S. 42f
[202] Cattepoel, Anarchismus, a.a.O., S. 122
[203] Lösche, Anarchismus, a.a.O., S. 107
[204] Cattepoel, Anarchismus, a.a.O., S. 123
[205] Joll, The anarchists, .a.a.O., S. 211f
[206] Lösche, Anarchismus, a.a.O., S. 74ff
[207] Cattepoel, Anarchismus, a.a.O., S. 124
[208] Frei, Anarchistische Utopie, a.a.O., S. 47ff

[209] Cattepoel, Anarchismus, a.a.O., S. 120
[210] Lösche, Anarchismus, a.a.O., S. 55f
[211] Landauer, G.: Aufruf zum Sozialismus (1911), Frankfurt/Wien 1967
[212] Kalz.: Gustav Landauer. Kultursozialist und Anarchist, Meisenburg/Glan 1967, S. 43
[213] Oberländer, E. (Hrsg.): Der Anarchismus, Olten 1972, S. 58f
[214] von Weiss, A.: Die Neue Linke. Kritische Analyse, Boppard 1969
[215] Maitron, J.: La pensée anarchiste traditionelle et la revolte des jeunes, Paris 1969
[216] Heintz, P.: Anarchismus und Gegenwart, Zürich 1951, S. 69
[217] Oberländer, Anarchismus, a.a.O., S. 60
[218] Marcuse, H.: Der eindimensionale Mensch, 2. Auflage, Neuwied/Berlin 1967, S. 267 und Fanon, F.: Die Verdammten dieser Erde, Frankfurt/M. 1966, S. 84-114
[219] Aurich, P.: The Legacy of Bakunin, in: The Russian Review, Jg. XXIX (1970), Heft 2, S. 129-142
[220] Nollau, G.: Der Anarchismus, in: Aus Politik und Zeitgeschichte, 1967, Heft 47, S. 3-16, hier S. 8ff
[221] Walter, N.: Conversations about anarchism, in: Anarchy 85, März 1968, S. 65-75, hier S. 70
[222] Oberländer, Anarchismus, a.a.O., S. 62
[223] Die Grundlage für die biographischen Angaben über Bakunin wurde entnommen aus: Wittkop, Bakunin, a.a.O., S. 136ff